MARIA TUPANSY

Felipe de Assunção Soriano

MARIA TUPANSY

O *Auto da Assunção* de
São José de Anchieta

RECIFE

2021

Dados Internacionais de Catalogação na Publicação (CIP)
(Câmara Brasileira do Livro, SP, Brasil)

Soriano, Felipe de Assunção
  Maria Tupansy : o Auto da Assunção de São José de Anchieta / Felipe de Assunção Soriano. -- São Paulo : Edições Loyola, 2022.
  ISBN 978-65-5504-153-8
  1. Anchieta, José de, 1534-1597 2. Brasil - Colonização 3. Catequese - Escola Católica 4. Catequese - Igreja Católica - Ensino bíblico 5. Povos indígenas I. Título.

22-98566 CDD-268.8209

Índices para catálogo sistemático:
1. Catequese : Igreja Católica : História   268.8209

Aline Graziele Benitez - Bibliotecária - CRB-1/3129

Capa: Ilustração de © Sergio Ricciuto Conte
Diagramação: Lílian Oliveira
Revisão: Beatriz Gross

**Fundação Educacional Inaciana
"Pe. Sabóia de Medeiros"**
Rua Vergueiro, 165 – Liberdade
01504-001 São Paulo, SP
T 55 11 3274 5800
into_fei@fei.org.br
portal.fei.edu.br

Universidade Católica de Pernambuco
Rua do Príncipe, 526 – Boa Vista
50050-900 Recife, PE
T 55 81 2119 4000
F 55 81 2119 4228
www.unicap.br

Edições Loyola Jesuítas
Rua 1822 nº 341 – Ipiranga
04216-000 São Paulo, SP
T 55 11 3385 8500/8501, 2063 4275
editorial@loyola.com.br
vendas@loyola.com.br
www.loyola.com.br

Todos os direitos reservados. Nenhuma parte desta obra pode ser reproduzida ou transmitida por qualquer forma e/ou quaisquer meios (eletrônico ou mecânico, incluindo fotocópia e gravação) ou arquivada em qualquer sistema ou banco de dados sem permissão escrita da Editora.

ISBN 978-65-5504-153-8

© EDIÇÕES LOYOLA, São Paulo, Brasil, 2022

Em tuas mãos sentado,
Lá vai o menino [Jesus];
Ao seu Pai Divino
Contigo chegando,
Te dá todo o agrado
De seu Pai amante.
"Quem, dentro do mundo,
Te foi semelhante [Maria Tupansy]?"

(Mistérios Gozosos – Apresentação de Jesus –
de José de Anchieta, tradução de Armando Cardoso)

APRESENTAÇÃO

Maria Tupansy é o resultado mais bem elaborado dos esforços catequéticos de São José de Anchieta, que preparou um espetáculo para entronizar uma imagem da Virgem Maria na missão fundada por ele na aldeia de Rerigtibá, em 15 de agosto de 1579 (Cidade de Anchieta, ES).

O livro que temos em mãos é o fruto mais maduro dos estudos do padre Felipe de Assunção Soriano, SJ, que durante dois anos atuou como pároco da Paróquia de Nossa Senhora da Assunção, à sombra da mesma igreja edificada pelos indígenas da Missão de Rerigtibá pelo Apóstolo do Brasil – Santuário Nacional de São José de Anchieta. Nesse espetáculo, constatamos um acréscimo que nos faz afirmar a importância que devemos dar ao *Auto da Assunção* (1590) no conjunto do corpus teatral anchietano.

Sua originalidade está justamente na forma como ele apresenta sua personagem, Maria Tupansy, aos índios reunidos para o festim, tendo em vista favorecer uma maior aproximação e adesão dos seus públicos a partir do lugar social, político e religioso do feminino nas aldeias tupis. As descobertas feitas por São José de Anchieta com o *Auto de Guarapari* (1585) o capacitaram a oferecer uma nova elaboração que surpreende imensamente seus públicos na medida em que corrige equívocos da primeira elaboração do Catecismo, ampliando o alcance dos seus instrumentos catequéticos com o teatro e propondo uma "saída mariológica" ao tema da encarnação do Verbo a partir da relação entre Tupã e *Tupansy*.

Ao revisitar a correspondência da Companhia de Jesus e os instrumentos catequéticos preparados por São José de Anchieta, desvela-se não só o grande esforço dos primeiros missionários em adaptar o anúncio cristão à cosmovisão e aos costumes dos índios do litoral do Brasil, mas também a necessidade de continuar aprofundando uma dinâmica de conversão que faça a catequese superar o discurso e propor um percurso colocando no centro o outro (o índio), apresentando no palco do Brasil uma nova figura que exerce um papel pedagógico específico em seu teatro, a "*Tupansy,* nossa tutora", cujo nome, diz José de Anchieta, os índios devem guardar e evocar continuamente.

A forma original como José de Anchieta vai desvelando sua personagem neste espetáculo, a partir do rito de acolhida nas aldeias tupis (Saudação Lacrimosa) supera – e muito – os limites impostos em sua nomeação tradicional quando seus pesquisadores deram a esse espetáculo o nome de *Auto da Assunção*. Seu roteiro confere a Maria Tupansy uma identidade e missão particulares enquanto catequista, mulher, escolhida e eleita, pois evoca uma autoridade-serviço que é própria do matriarcado tupi, fazendo com que essa imagem seja recebida como uma pessoa que, como anfitriã, faz todos os índios reunirem-se para o festim de seus hóspedes.

Essa revisita às fontes de nossa tradição missionária se soma às comemorações da Companhia de Jesus, que celebra os 500 anos do início da conversão de Santo Inácio de Loyola (1521 – 2021), isto é, marco do nascimento do itinerário humano e espiritual que sustenta todo o nosso fazer apostólico como jesuítas, que são os Exercícios Espirituais. Por isso, como propõe São José de Anchieta na letra deste espetáculo, na oração principal do índio tupinambá, que ressoe hoje e sempre essa força transformadora dos Exercícios pela intercessão da Virgem Maria que continua a nos colocar junto a seu Filho: "Venho pedir maltrapilho, à

Santa Maria, a graça que para nós benigno faça seu formosíssimo filho".

Pe. Mieczyslaw Smyda, SJ.
Superior Provincial dos Jesuítas do Brasil

PREFÁCIO

Sincretismo, adaptação e metamorfose no teatro anchietano: de Maria, Mãe de Jesus e Rainha dos Céus a Maria Tupansy, Mãe de Tupã e Mãe de Jesus

Os padres Manuel da Nóbrega, S.J. (1517-1570), José de Anchieta, S.J. (1534-1597) e António Vieira, S.J. (1608-1697) talvez sejam os missionários mais de destaque do Brasil Colónia (1500-1822) e Imperial (1822-1889), pois foram instrumentais para que se fundassem aldeias, colégios, escolas, igrejas, missões e seminários em solo brasílico. Além disso, e mormente, cada membro desta nobre tríade dedicou o seu mandato, ora de uma maneira, ora de outra, para que se protegesse a vida (espiritual assim como física) dos indígenas e, com eles, os seus usos e costumes pré-cabralinos, porém sempre sob a tutela da Igreja e, através desta, por vezes juntamente com ela, da Coroa portuguesa, pois a política (a espada) sempre acompanhou o desejo de espalhar a "boa nova" e a conversão do "outro" (a cruz).

Contudo, se considerarmos a abordagem, a metodologia e a mensagem (verbal e escrita) dessa notável tríade para chegar ao seu fim – nomeadamente, proteger e, ao mesmo tempo, converter a população autóctone ao Catolicismo –, só Santo Anchieta (beatificação em 22 de junho de 1980; canonização em 3 de abril de 2014) conseguiu alcançar a sua meta e superá-la. Pois, contrariamente aos seus ilustres colegas inacianos, coevos e vindouros, o santo canarino conseguiu avizinhar-se do "outro", ou seja, do indígena, através das suas peças teatrais, evangelizadoras sim, mas sempre com vista a respeitar os usos e costumes ameríndios.

Peça-chave neste sincretismo religioso-cultural cristão-indígena pré-cabralino foi a adaptação e subsequente metamorfose da cosmogonia religiosa católica que possuía como cerne o imaginário religioso mariano em uma contraparte indígena forjada *ex novo* – mas não *ex nihilo*, pois baseava-se em moldes atávicos preexistentes de cunho matriarcal (veja-se, por exemplo, o papel da anciã, a conselheira, nas culturas autóctones) –, nomeadamente, Maria Tupansy, Mãe de Tupã, ou seja, a rainha dos indígenas tupis e, a seguir, depois da conversão dos seus filhos tupis, também Mãe de Jesus.

Sendo Santo Anchieta canarino, não é de estranhar então o destaque dado a Nossa Senhora, pois a Virgem da Candelária é Padroeira de Tenerife (2 de fevereiro, Festa da Candelária) e das Canárias (15 de agosto). Principiada em 1392 – com a descoberta de uma estátua de origem catalã –, ou seja, antes da fase inicial da colonização espanhola (1402-1496), a primeira referência à Virgem da Candelária é de 1594 na obra do historiador e padre dominicano Alonso de Espinosa (1543-ca. 1602) sobre os *Guanches de Tenerife*.

A devoção à Virgem Maria acompanhá-lo-á durante toda a sua vida. De facto, nos autos anchietanos podemos encontrar uma verdadeira evolução quanto ao papel e à importância dada a Nossa Senhora: do auto *Na Aldeia de Guaraparim*, escrito em tupi, (1585) ao *Auto da Assunção* (1590) há um crescendo no poder catequético de Nossa Senhora: Maria, Mãe de Jesus e Rainha dos Céus, passa a ser Maria Tupansy, Mãe dos Indígenas, Mãe de Jesus.

Assim fazendo, no seu teatro o Padre Anchieta segurava que a mensagem evangelizadora – de origem judaico-cristã e, através desta última, também de proveniência europeia medieval – se encaixasse em um contexto familiar para os indígenas. Uma vez recebida e percebida, a "boa nova" contida nas mensagens destas representações teatrais *anchietanas* centradas em Maria Tupansy era deste modo aceite pelas populações autóctones sem reservas, pois tinha passado pelo "crivo" da sua própria cultura matriarcal, esta última hierárquica como a sua contraparte europeia. Nesse processo e contexto de sincretismo, adaptação e metamorfose, Maria, Mãe de Jesus, portanto, passa a ser Maria Tupansy, a Mãe de Tupã e, por antonomásia, a Mãe de todos os tupis, de todos os indígenas.

Além disso, é importante ressaltar que, ao contrário das aparências, e não obstante as críticas de historiadores, de outrora assim como contemporâneas, a mensagem anchietana não era apagar os usos e costumes locais, mas, antes, fazer de maneira que os indígenas discernissem – de sua própria vontade, por dentro da sua própria cultura e através de um conjunto de ações, imagens visuais (hierofânicas) e palavras – entre o Bem e o Mal para depois chegar à salvação.

Pois, nos autos do Padre Anchieta o uso de adereços visuais oriundos da tradição autóctone – como a pintura corpórea, trajes tradicionais, música e danças, entre outros – também contribuiu para que o "outro" finalmente se apropriasse da religião católica e dos valores que esta última trazia consigo para depois senti-las suas.

No *Auto da Assunção* (1590), Maria Tupansy é de facto representada como um ser que contribui pessoal e diretamente à resolução das lutas intestinas. O papel matriarcal atávico da anciã, da conselheira e da pacificadora das tribos indígenas pré-cabralinas/cabralinas é trasladado para a sua (nova) posição de *Mater Domini* / *Mater* dos indígenas. Os diálogos intensos, o visual e as interações físicas entre Maria Tupansy e os indígenas, assim como entre esses últimos, nunca abandonam a cena central do auto anchietano. Pois, assim como os indígenas ouviam os seus líderes e obedeciam a todas às suas ordens, os neófitos indígenas ao verem e ouvirem os autos do Padre Anchieta eram mais propensos a obedecer aos preceitos cristãos, sem cair/recair no "pecado" e, ao mesmo tempo, podiam ser bons e submissos súbditos do Reino. Contudo, a derradeira conselheira e líder dos tupis era Maria Tupansy.

Na verdade, já o conceito de Tupã como entidade suprema é fruto do sincretismo jesuíta, da fusão religioso-cultural criada pelos inacianos em solo brasílico (divindade indígena, o Trovão, de um lado, e o Deus da tradição judaico-cristã, do outro). Pois, no *Auto da Assunção* (1590) e no *Recebimento que fizeram os índios de Guaraparim ao Padre Provincial Marçal Beliarte* (1589), a presença de Maria Tupansy é fundamental para abrir as mentes e os corações dos indígenas.

De facto, para chegar a esse fim, nos autos anchietanos, Maria Tupansy deve usar uma terminologia e aludir a um imaginário que os indígenas possam reconhecer e, mormente, temer: daí as intervenções dos *macaxeras* e *anhangás* (diabos e espíritos na cosmogonia judaico-cristã), pois esses eram extremamente temidos pelas populações autóctones. Na verdade, apesar de esses últimos não corresponderem às suas contrapartidas bíblicas – pois eram mais afins aos *jinn* (espíritos/génios, associados ao fogo e ao ar, da mitologia iraniano-islâmica com poder sobrenatural e capazes de assumir forma animal ou humana) – os ameríndios temiam que esses seres representassem almas de indivíduos não dignos de permanecer eternamente no Além e, portanto, vagavam pelas florestas, transformados em cobras ou jaguares, com a derradeira intenção de exterminar quem se atrevesse por aí passar.

Portanto, o "outro" anchietano adquire uma outra dimensão na presença de Maria Tupansy. A Mãe de Jesus / Mãe de Tupã é de facto apresentada aos indígenas como a protetora daqueles que ouvem, seguem e continuam a seguir os ensinamentos trazidos pelos jesuítas e, ao mesmo tempo, é a que castiga os inimigos da (nova) fé e do (novo) espaço geográfico (sob dominação portuguesa). Afinal, no teatro anchietano os inimigos – sejam esses outros indígenas, sejam esses europeus, sobretudo os inimigos do Reino, primi inter pares os franceses e os ingleses – são condenados a nunca receber a salvação. No caso dos indígenas, os inimigos são os que continuarem a seguir os usos e costumes tradicionais – onde reinam sublimes a antropofagia, a embriaguês, o homicídio, a poligamia, o sequestro e a violência, entre os demais pecados contrários à cosmogonia judaico-cristão – e, portanto, serão punidos por Maria Tupansy.

No auto *Recebimento que fizeram os índios de Guaraparim ao Padre Provincial Marçal Beliarte*, por exemplo, Maria Tupansy insta o indígena Anhangupiara a punir o diabo com muita veemência, pois a morte corporal é necessária para erradicar o Mal e estabelecer a paz e a salvação. Nesse sentido, Maria Tupansy assume o papel de educadora, pois os exemplos destas punições – forjados nos moldes das tradições ancestrais indígenas – servem de arquétipos para esses últimos continuarem firmes na fé. Maria, Mãe de Jesus, Maria Tupansy, Mãe de todos os Indígenas e Mãe de Jesus, transforma os usos e costumes autóctones em paradigmas a seguir para obter a salvação e não recair na transgressão. Os símbolos e as metáforas usados em torno de Maria Tupansy – se bem que imbuídos de valores cristãos – apelam ao imaginário humano, comum a todos os seres humanos.

Por outras palavras, nos autos anchietanos as imagens sagradas de Jesus, Maria Tupansy, dos santos e/ou dos mártires cristãos, de um lado, e as representações do diabo/espíritos e das perseguições contra os cristãos dos primórdios, do outro, eram modelos que o santo canarino utilizava para oferecer ao "outro" (assim como aos colonos) normas de condutas, valor(es), propósito e legitimação.

Além disso, esses valores judaico-cristãos conjugavam-se perfeitamente com os símbolos, os mitos e as crenças místico-religiosas dos ameríndios, pois ambos se assentavam na Natureza e nos valores universais do Bem versus o Mal e, mormente, na hierarquia político-religiosa, essa última muito estratificada e respeitada entre as populações autóctones cabralinas. Maria Tupansy é, portanto, a chave para soldar esta perfeita simbiose e (completa) metamorfose em que tradições e práticas religiosas de ambas as culturas (judaico-cristã e indígena) abrem a porta à salvação da alma humana.

(Texto escrito conforme o Acordo Ortográfico, variante Português Europeu)[1]

Prof. Dr. Joseph Abraham Levi 雷祖善博士
George Washington University
josephelvi21@yahoo.com

---

[1] Nota do editor: manteve-se a escrita do autor deste Prefácio no português de Portugal, uma vez que é compreensível também aos leitores brasileiros.

José de Anchieta ficou no Brasil pela impressão de suas digitais, presente em tantos lugares, referência para atividades diversas. Percorreu matas, traçou caminhos, singrou mares, registrou viveres, mediou conflitos, selou alianças. Chegou estudante, peregrino incansável, focou a santidade, partilhou culturas, faleceu exaurido. Anchieta do Brasil. Anchieta da humanidade.

Seu viver, agir, comunicar-se estimulam debruçar-se sobre sua personalidade multifacetada. Sempre focado nos estudos, criou o embrião desta publicação. Felipe Soriano, pernambucano da Mustardinha, natural do Recife, empolgou-se desejando descobrir um veio para explorar. Intui Anchieta educador diplomata, portador de uma cultura a serviço da comunhão interpares (intersocial). Ao conviver em vilas coloniais e nas aldeias indígenas, reconhece a obra do Criador. Deus criou o homem e a mulher. Deu-lhes dignidade de imagem e semelhança para cuidarem da criação em todas as latitudes. Aprende a linguagem nativa, os usos, costumes, raízes, ervas, mezinhas e ensina a própria linguagem e ideário. Aprende que todos os povos compartilham o que já dominam.

Como transmitir conceitos teóricos elaborados de vida e religião às pessoas que cultivavam a oralidade cultural foi desafiador. Jorge de Lima menciona que Anchieta fez o índio gostar da religião e o fez através do teatro, das representações, nas quais valentes guerreiros assumiam papéis variados. Assim foram se empolgando com os sofrimentos de Cristo, guerreiro indomável (valente), mas também com Maria, mulher mãe. No imaginário indígena, a mulher, em mitos ancestrais, era a mãe da Aldeia. Anchieta ajuda a fazer a passagem do imaginário para a narração do mistério da Encarnação.

Inovar para revelar ao outro que ele é próximo, capaz de participação e comunhão, é a missão da FEI, prosseguindo caminhos pedagógicos de Anchieta na gestão, tecnologia e inteligência artificial. A leitura pode incentivar acelerando processos. Leia!

Pe. Theodoro Peters, SJ.
Presidente da FEI – Fundação Educacional Inaciana

A presente obra é fruto de uma pesquisa feita no quadro do mestrado acadêmico de Teologia da Universidade Católica de Pernambuco (Unicap), único no Norte e Nordeste do Brasil e do qual faço parte. A importância do trabalho de Felipe Soriano destaca-se, por um lado, pela originalidade da apresentação do *Auto da Assunção*, de São José de Anchieta, com seu viés teológico e catequético e, por outro, pela riqueza de uma abordagem interdisciplinar, exercitando uma verdadeira interface entre Teologia, História e Cultura. Assim, o autor nos convida a revisitar a História da Igreja do Brasil e da atuação da Companhia de Jesus, a partir da prática do missionário José de Anchieta, não sem revelar também a "história" da própria metodologia catequética da época colonial que, entre limites e criatividade, traz muitos elementos culturais e um jeito de fazer teologia de uma missão evangelizadora de fronteiras.

A FEI e a UNICAP, duas instituições universitárias inspiradas na pedagogia inaciana, associaram-se às Edições Loyola para esta publicação, acreditando que, no contexto do "Ano Inaciano", essa leitura poderá ajudar os membros de nossas comunidades educativas a conhecerem aspectos da missão jesuíta que, em cada momento histórico, precisa responder, com audácia apostólica, aos desafios concretos, assumindo o risco inerente à fé cristã de "dar razões de nossa esperança perante todo aquele que dela nos pedem contas" (1Pd 3,15).

Prof. Pe. Pedro Rubens, SJ.
Reitor da Unicap

SUMÁRIO

	Introdução	21
1	**José de Anchieta e a retomada do trabalho indigenista da Companhia de Jesus**	**29**
1.1	José de Anchieta: artes, devoção e dramaturgia	31
1.2	A conquista da língua: o diálogo da fé em língua e costumes indígenas	37
1.3	Os jesuítas no Espírito Santo e a criação das aldeias	52
1.4	A Missão de Rerigtibá: a retomada do trabalho missionário	62
1.5	As raízes profundas da devoção marial de José de Anchieta	69
2	**Entre dois mundos: o *Auto da Assunção*, suas alegorias e arquétipos**	**77**
2.1	Transculturalidade na catequese teatral anchietana	77
2.2	Estrutura do teatro anchietano	80
2.3	O *Auto da Assunção*: quando levaram uma imagem a Rerigtibá	83
2.4	Elementos do *Auto da Assunção*	85
2.4.1	A aldeia é o palco	85
2.4.2	Personagens	86
2.4.2.1	Coro de crianças	86
2.4.2.2	Anjo custódio da aldeia	87
2.4.2.3	Diabo de Rerigtibá	88
2.4.2.4	Oito dançarinos	89
2.5	Análise do *Auto da Assunção*	89
2.5.1	Hibridismo cultural	90
2.5.1.1	Primeiro Ato – Hino *Ára angaturameté* (Saudação no porto)	93
2.5.1.2	Segundo Ato – Diálogo *Ejorí, Virgem Maria* (Diálogo do anjo e diabo)	99
2.5.1.3	Terceiro Ato – Hino *Sarauájamo oroikó* (As duas danças)	104

2.5.1.4	Quarto Ato – Colóquio *Xe Paratiy suí* (Três tribos se apresentam)	114
2.5.1.5	Quinto Ato – Hino *Jandé kañemiré* (Beijo da imagem e despedida)	122
2.6	A Virgem de Rerigtibá	127

3	**A apresentação de Maria – *a Tupansy* aos índios do Brasil**	**135**
3.1	Maria na simbólica dos Padres da Igreja	136
3.2	Maria na elaboração medieval e na teologia sociopolítica de Portugal	147
3.3	Tupã e *Tupansy*: uma saída mariológica para a inculturação da fé	154
3.3.1	A invenção de Tupã e os limites dessa alegoria para a catequese	154
3.3.2	Os trovões como alegoria para manifestar o Deus de Israel	157
3.3.3	De *Ñandecy* a *Tupansy*, Mãe de Jesus	159
3.4	A apresentação de Maria (a *Tupansy*) aos índios do Brasil	163
3.4.1	A maternidade divina de Maria Tupansy	168
3.4.2	A intercessão poderosa em favor da aldeia	172
3.4.3	Alegria e esperança nossa (predestinados à salvação)	176
3.5	Considerações finais	179

Conclusão	183
Referências	191

INTRODUÇÃO

A obra Maria Tupansy é o fruto maduro dos estudos sobre um espetáculo indigenista de José de Anchieta no período quinhentista, a partir da análise do auto catequético intitulado *Dia da Assunção, quando levaram uma imagem a Rerigtibá*, apresentado pela primeira vez em 15 de agosto de 1590. Os elementos teológicos e indígenas utilizados por José de Anchieta na construção e apresentação de Maria Tupansy aos índios da Missão de Rerigtibá, hoje cidade de Anchieta, ES, são o motivo dessa investigação.

Tomando em consideração as características devocionais do espetáculo, buscamos identificar os elementos estéticos, éticos e culturais como subjacentes utilizados em sua composição para tecer o caminho que desvele a "Maria de Anchieta" em face da tradição e da realidade dos índios aldeados, e como ela ganha forma no instrumento catequético enquanto objeto híbrido no processo de apresentação aos índios do Brasil[1].

---

[1] Segundo Serafim Leite (1938), o Brasil do Séc. XVI se reduzia ao litoral tendo como polo irradiador da missão Jesuítica as capitanias de Pernambuco, Baía, Espírito Santo, Rio de Janeiro e São Paulo. Conforme o esquema do espetáculo, a Missão de Rerigtibá é apresentada como ponto de convergência para todos os índios do Brasil, primeiro por ser o lugar mais próprio para a conversão e, segundo, por ser uma sesmaria dos índios reunindo inúmeras nações (Leite, 1938, p. 513). Portanto, o lugar estratégico que a capitania do Espírito Santo oferece encurta as distâncias no litoral e mantém porta aberta aos índios do sertão – Paraguai (Leite, 1938, p. 513).

Ao concluir a missão de Provincial do Brasil (1578-1585), José de Anchieta formaliza seu pedido para ir colaborar na aldeia de Rerigtibá. Como se lê, "ordenou Nossa Senhora que ele fosse colaborar na conversão do gentio". Nessas linhas aparecem a força de sua devoção, o motivo de sua vinda ao Brasil e o lugar que o índio ocupa na sua vida de missionário (Vasconcelos, 1943, p. 96-97).

Nessa Missão, fundada por ele mesmo enquanto Provincial do Brasil (1579), voltará a uma de suas experiências de juventude, colocando suas energias a serviço do teatro catequético. De forma muito particular, José de Anchieta escreverá a maior parte do seu *corpus* teatral na Missão que fundou, fazendo-nos entrever que aí se encontram os modelos e arquétipos que fomentam sua obra e constituem Rerigtibá palco perfeito da conversão do gentio.

O lugar central que a devoção à Virgem Maria alcançou em sua vida é indubitável. Contudo, longe de ser um tratado de mariologia, o *Auto da Assunção* (1590) é a "saída mariológica" que nosso autor encontrou para integrar os diversos elementos de sua catequese indigenista, de forma a confessar a encarnação do Verbo no contexto tupi. Sua importância vai além do caráter da transmissão doutrinal, preocupando-se antes com a conversão do gentio através de sua compreensão e da proximidade da pessoa de Maria.

Percorrendo seus escritos, constatamos que Anchieta não é apenas um escritor, isto é, um homem de letras, ele é, sobretudo, um evangelizador e um catequista. Emerge como homem do diálogo entre as tradições ibéricas, nas quais foi criado e educado durante a infância e a adolescência, e as culturas indígenas, utilizando-se da imagética e da língua geral para melhor se fazer entender dentro do universo cultural com o qual convivia. Transparecem em seus escritos sua boa formação teológica e a evolução de sua experiência catequética e devocional, desde suas refe-

INTRODUÇÃO

rências patrísticas até a introdução de elementos específicos dos brasilíndios.

A inculturação do Evangelho segue sendo um desafio para se avançar no serviço da fé. Nesta pesquisa fazemos o resgate da utilização do teatro como elemento constituinte desse tipo de processo. Em tempos tão sombrios para as minorias em nosso país, com especial atenção aos povos originários, o contributo desse estudo está em revisitar experiências bem-sucedidas como método para o desenvolvimento de um trabalho missionário de solidariedade e interculturalidade entre os indígenas.

Para apresentar esses elementos, estruturamos o texto em três capítulos. No primeiro, apresentamos os elementos históricos, bibliográficos e devocionais implicados na produção anchietana, destacando sua arte, devoção e missiologia, bem como os esforços operados pela Companhia de Jesus ao aprender e codificar as línguas indígenas, elaborando gramática e catecismo. Em seguida, destacamos as particularidades do trabalho indigenista na Capitania do Espírito Santo e a criação e consolidação da Missão de Rerigtibá, que representou a retomada do programa indigenista delineado por Pe. Manuel da Nóbrega (1517-1570). Finalmente, apresentamos a origem das profundas raízes da devoção marial de nosso autor e sua identificação com os destinatários de sua catequese inculturada.

O segundo capítulo versa sobre os aspectos culturais, teatrais e transculturais implicados em sua catequese, evidenciando de que maneira a Virgem Maria é apresentada como objeto híbrido em sua dramaturgia. Tal abordagem foi realizada através de análise detalhada do espetáculo no que tange à sua estrutura, ao estudo do espaço cênico, à ausência de narrador como tática para um maior realismo e às opções adotadas para a composição de suas personagens. Essa análise contribuiu para nossa compreensão dos elementos indígenas que estão implícitos no espetáculo e da maneira como tais considerações interferem em sua compreensão e na definição dessa personagem. Em particular, nesse capítulo, procuramos demonstrar como se acomodam no espetáculo suas diversas partes, permitindo-nos ver o diálogo entre os índios de Rerigtibá e a Virgem Maria.

O terceiro capítulo traz os elementos teológicos, míticos e híbridos utilizados no processo de composição da Maria Tupansy de José de Anchieta. Iniciamos pelo estudo de sua devoção marial, evidenciando as raízes profundas a partir da patrística e na laboração posterior pela Casa Real de Avis. A devoção da Virgem da Assunção em ambiente europeu nasce marcada por interesses políticos bem delimitados, ganhando corpo no período das Cruzadas (1095) e na reconstrução dos Estados nacionais. Não por acaso, a Virgem da Assunção é também padroeira nacional de Portugal. Apontaremos como os elementos teológicos medievais transparecem na Virgem de Rerigtibá, que, relidos à luz da cultura indígena, apontam para um distanciamento do esquema político desenvolvido em ambiente colonial.

Num segundo momento, apresentamos como a ressignificação dada por Anchieta ao conceito Tupã colabora definitivamente para a construção de um novo discurso sobre a encarnação, possibilitando a aproximação dos elementos marianos da cultura indígena e, por meio deles, o avanço no processo catequético durante essa experiência de missão. Esse movimento nos permitiu perceber como o espetáculo apresenta uma Maria que permanece marcada pela tradição, porém aberta ao diálogo intercultural e à promoção dos indígenas, e em distanciamento das elaborações políticas do século XII.

Finalizando, ainda apresentamos nesse capítulo as três categorias mariológicas que corroboram a apresentação de nossa personagem, conjugando elementos da tradição e da inculturação de modo a forjar a identidade da Maria tupi de José de Anchieta. São elas: 1) "a maternidade divina" da Maria Tupansy, que a vincula diretamente a cada membro da aldeia e até aos introduzidos; 2) "a sua intercessão poderosa" em favor da aldeia, pela qual se iniciam os processos de correção e integração das instituições eclesiais e o programa catequético jesuítico; 3) "a alegria e esperança nossa", que nos permite evidenciar o que José de Anchieta compreende ao confessar que os índios são os predestinados à Salvação.

Na última parte, apresentamos as conclusões deste nosso estudo. Em linhas gerais, podemos destacar a importância dessa experiência missionária que culmina com o trabalho catequético da Companhia de Jesus no século XVI. Um desses processos de síntese com a língua indígena levou o trabalho missionário ao teatro catequético, pois lança as bases para a correção, aperfeiçoamento e ampliação das técnicas pedagógicas adotadas.

A originalidade da apresentação feita por José de Anchieta evidencia o caráter híbrido de sua mariologia quando nos oferece um paralelismo estreito que figura e configura a vocação de Maria em relação à Igreja e à missão a partir da chave do "serviço". Como obra ficcional, nossa personagem vai se tornando uma figura personificada na medida em que avança no espetáculo como mulher, indígena e eleita. Nessa elaboração, permite-se que seus públicos acolham a *Theotókos* tupi de forma integral, conforme a tradição e suas vivências culturais, devolvendo o lugar central ao feminino que sofrera intervenção pela catequese jesuítica.

Por fim, cabe ressaltar que, ao nomear nossa personagem Maria Tupansy, José de Anchieta aprofunda ainda mais sua experiência de hibridização cultural, abrindo novo espaço para o exercício do seu principal ofício marial, que é conduzir os índios do Brasil ao conhecimento do Deus verdadeiro. Com isso, permite-se que, por meio dela, se encontre seu Filho que nos visita, sendo ela sinal utópico de esperança na marcha histórica do povo de Deus.

José de Anchieta e a retomada do trabalho indigenista da Companhia de Jesus

Capítulo 1

José de Anchieta e a retomada do trabalho indigenista da Companhia de Jesus

A provocação feita por Alfredo Bosi apenas confirma o profundo fascínio que a figura de José de Anchieta continua a causar em nossos dias. Movido por sua boa-fé, trabalhou em dois mundos de formas distintas, ora construindo pontes, ora elaborando novos silogismos (Bosi, 1992, p.64-93).

Sua formação humanística e sua abertura às letras e ao teatro foram seus instrumentos apostólicos, pois compreendiam a necessidade de encontrar caminhos para anunciar o Evangelho. Será por suas mãos que a Companhia de Jesus chegará a codificar a arte da língua do Brasil e, em seu provincialato[1], retomar o projeto delimitado por Pe. Manuel da Nóbrega para a conversão dos indígenas, chamados na literatura jesuíta de gentio, isto é, aquele que é estrangeiro ou infiel e, entre cristãos, aquele que professava o paganismo, ou melhor, no Brasil, a grande porção de naturais das terras do novo mundo.

No limiar de sua vida, a Missão de Rerigtibá será o palco perfeito para sua catequese mariológica, isto é, onde se fundem os diversos elementos que nortearam sua marcha e o capacitaram a ser o Apóstolo do Brasil. Os ele-

---

[1] Termo usado para designar o curso de tempo em que alguém exerce a função de provincial, isto é, aquele que foi nomeado para ser responsável pela administração de casas religiosas numa área territorial (província).

mentos históricos e bibliográficos que iremos desenvolver visam mostrar os caminhos encontrados até a conquista da língua e as oportunidades colocadas para a conversão.

O *Auto da Assunção* (1590), objeto de nossa pesquisa, deseja ser antes de tudo testemunha do fruto maduro de um profundo diálogo iniciado e não concluído. Por isso, nesta seção, a partir de um movimento diacrônico, interessa-nos tomar consciência dos diversos elementos implicados e das opções históricas que se somam como auto catequético.

Nossa pesquisa, essencialmente bibliográfica e documental, retoma o caminho espiritual do autor em sua catequese mariológica, fazendo uma releitura progressiva das cartas, biografias, informações, registros e fragmentos históricos do século XVI. O que nos parece, ao reler sua biografia e as cartas da Companhia, é que o *Auto da Assunção* (1590) é código de acesso para uma mariologia popular em José de Anchieta.

Neste espetáculo, Rerigtibá[2] não é apenas palco derradeiro de sua vida, mas altar definitivo onde repousará no coração dos brasis sua própria devoção – a Virgem Maria. Diferentemente do uso que vem sendo dado aos autos por outros autores, nossa pesquisa irá tomar o sentido pastoral, catequético e missionário, que, desde nosso ponto de vista, são as categorias próprias dadas à obra por seu autor: um espetáculo sem título, de caráter puramente pastoral e catequético, celebrado como festim anual, reformado por seu autor e que ousa tanto ser uma apresentação de "Maria – a Mãe de Deus" (a *Tupansy*) aos índios do Brasil.

---

[2] A opção pela forma "Rerigtibá" é intencional. Os documentos do período da capitania do Espírito Santo apresentam grafias diferentes para esta aldeia de missão: Reritigba, Reritigbá, Rerityba e Iriritiba. Destes, deu-se preferência a Rerigtibá por ser a usada na única cópia que temos do livro de tombo da antiga Missão (Tombo de Itapemirim, ES).

1.1 José de Anchieta: artes, devoção e dramaturgia

José de Anchieta nasce em 19 de março de 1534, no arquipélago das Canárias, ilha de Tenerife, na cidade de San Cristóbal de La Laguna, tendo por onomástico o nome de São José, o esposo da Virgem Maria (Cardoso, 2014, p. 29). Seu pai, Juan López de Anchieta, participou das revoltas de castelhanos de velha cepa junto às várias províncias do centro da Espanha contra o novo Rei Carlos V, sendo deportado para Tenerife em 1522.

Juan casou-se com Mencía Díaz de Clavijo y Llarena, assumindo seus dois filhos. Seus avós maternos, hebreus, eram parentes próximos dos conquistadores de Tenerife. Desta união nasceram dez filhos – Ana, Juan, José (o Apóstolo do Brasil), Gaspar, Teresa, Beatriz, Melchior, Baltasar, Bartolomé e Cristóbal (este também sacerdote). Reconhecendo as habilidades literárias de seus dois filhos – Pedro Núñez, com 24 anos, e José de Anchieta, com 14 anos –, decide Juan de Anchieta enviá-los para estudar em Coimbra (Cardoso, 2014, p. 37-39).

No caso de José de Anchieta, seus dotes, inteligência e piedade prometiam um futuro brilhante. Seu progresso no latim desde os sete anos de idade o indicava para estudos superiores (Cardoso, 2014, p. 47-48). O que talvez Anchieta não imaginasse é que não mais voltaria à casa paterna e à sua Tenerife. Naqueles tempos, as travessias náuticas eram, de fato, coisa impressionante. Cada um, além de roupas e objetos pessoais, trazia ao navio os víveres para seu sustento (Cardoso, 2014, p. 51). Levavam, principalmente, o "biscoito", pão cozido duas vezes para não estragar, acompanhado de várias conservas, como o queijo e o presunto, com alguma fruta.

Depois de alguns dias, chegaram a Lisboa, o grande polo comercial da Europa Ocidental, mas não puderam se deter na cidade, pois as aulas da universidade já haviam começado. Para acomodar melhor os alunos do Colégio de Artes de Coimbra, foram construídas novas instalações onde se hospedaram. Aprovado no exame preliminar de proficiência em língua lusitana, deu início aos estudos de humanidades. A dinâmica da Universidade de Coimbra era exigente: firmada na excelência dos professores, nas disputas ou repetições e na constante prática de exposições orais.

> A jornada dos estudos era pesada: levantavam-se às quatro da manhã para o estudo particular das lições do dia precedente. Às seis, assistiam à missa e, após o dejejum, voltavam, uns aos estudos privados, outros à lição extraordinária. Das oito às dez, dava-se para todos a primeira lição ordinária, seguida de disputa por uma hora. Vinham depois o almoço e o recreio. À uma da tarde, tinham duas horas de estudo particular ou de aulas extraordinárias. Das três às cinco, segunda lição ordinária, seguida também de disputa. Depois da ceia, às seis da tarde, os alunos se apresentavam ao mestre para dar conta do que haviam estudado e aprendido durante o dia. Ainda se recolhiam à câmara para um último estudo particular, antes da oração da noite e do repouso. (Cardoso, 2014, p. 54).

Com o fim da Idade Média e o advento do Renascimento, supera-se a cosmovisão entre alto (Deus) e baixo (Diabo), pois o homem passa a ter a graça de modelar a si mesmo a partir de seu próprio arbítrio. De fato, cada período histórico é capaz de construir seu próprio estilo, ou melhor, é capaz de construir seu próprio ideal de humano: o ideal de santo, de sábio, de político, de príncipe, de chefe, de súdito ou plebeu. Conhecê-los é ter meio caminho andado para compreender sua época, cultura e sociedade. Diante de tal cenário, surge a necessidade de educar para a virtude, articulando uma opção por Deus e pelas ciências.

Esse ideal de formação humanística não é simplesmente um ideal ligado ao sujeito, e também não é um controle excessivo sobre si próprio, sendo danoso para si e para os outros; e tampouco é uma forma de conduta descolada da virtude. É, sim, um ideal que combina o equilíbrio entre arte e natureza, evitando os extremos da afetação da arte e da rusticidade do tempo, isto é, a *sprezzatura*. Tal intuição visa encontrar as virtudes que possam fomentar uma formação universal que inclua as competências da erudição, da moral, da retórica e das ciências.

Conforme uma lista elaborada por Baldassare Castiglione sobre a formação cortesã, encontramos várias qualidades morais, intelectuais e físicas. Primeiramente, temos a primazia, a nobreza e a perspicácia; em segundo lugar, a beleza e a graça; e, por fim, o entusiasmo, a lealdade, a prudência, a magnanimidade, a temperança, a força e a agilidade do corpo. Na sequência, conhecimentos diversos sobre duelo, dança, luta romana, corrida e salto. Depois dessas habilidades físicas, finalmente as intelectuais: letras, música, pintura e conhecimento de línguas estrangeiras. A lista termina com a caça e qualidades relacionadas (Burke, 1995, p. 63).

No Colégio de Coimbra, José de Anchieta conheceu os jesuítas, ordem fundada por Inácio de Loyola, seu parente, e aprovada pelo papa Paulo III em 1540. Em sua classe, havia jesuítas que faziam os cursos requeridos para as ordens[3], a saber: letras, filosofia e teologia (Cardoso, 2014, p. 61).

---

[3] De fato, José de Anchieta não foi aluno da Companhia de Jesus, mas conheceu vários jesuítas estudantes na Universidade de Coimbra. Contudo, a boa fama da ordem circulava pelos corredores e atraía os corações mais generosos por meio de cartas manuscritas sobre o zelo apostólico de Francisco Xavier, missionário nas Índias. A Companhia de Jesus só assumirá a regência do Colégio de Artes a partir de 1555, mesmo tendo colégio próprio em Coimbra.

Capítulo 1

Tendo terminado as classes de filosofia, com pouca dificuldade foi recebido na Companhia pelas muitas esperanças que dava com sua boa índole, muito engenho e felicíssima memória. Entrando, começou a ser logo um vivo exemplo de virtude, em especial de devoção, humildade e obediência. O ordinário ajudava cada dia oito, dez e mais missas de joelhos, com muito gosto e devoção, ainda que com muito custo para sua saúde (Caxa; Rodrigues, 1988, p.15).

Terminada a primeira etapa de formação na Companhia de Jesus, isto é, o noviciado, seus superiores se veem questionados a não o enviar às missões por causa de sua pouca saúde. Há várias tentativas de seus biógrafos em responder a essa questão. Contudo, a mais sensata se fixa na tese de ele ter tuberculose óssea. O Pe. Simão Rodrigues, Provincial de Portugal, percebendo a tristeza do jovem noviço, pergunta-lhe: "Como está, meu querido José?". "Muito mal, querido padre!", responde o noviço. Ao ver tamanha tristeza em seu olhar, decide fazer-lhe mais uma pergunta: "Se o Senhor o quiser deste modo, você vai aceitar viver desta maneira com alegria?". O olhar confiante de José soou como resposta a seu provincial. Ouvindo o conselho dos médicos, decidiram enviá-lo ao Brasil por ter fama de terra sadia graças aos mantimentos leves e aos ares mais benignos (Caxa; Rodrigues, 1988, p. 62).

Será o próprio Pe. Manuel da Nóbrega quem primeiro reconhecerá suas habilidades, confiando-lhe grandes responsabilidades: fazendo-o primeiro professor da aldeia de Piratininga, instrutor de latim para os padres da Companhia e redator da *Gramática da língua do Brasil*, do *Catecismo tupi e das Cartas do Brasil*. Um fato particular sela a relação de José de Anchieta com o teatro, pois, para inaugurar a igreja de Piratininga e corrigir equívocos num auto de Natal já preparado, Pe. Nóbrega lhe pede para preparar um novo espetáculo que José de Anchieta escreveu, dirigiu e apresentou.

Pe. Pero Rodrigues, seu segundo biógrafo e professor na última classe em letras, retórica e dialética, é quem dá testemunho de suas habilidades literárias: "Em breve tempo deu mostras de sua rara habilidade e felicíssima memória, veio a ser um dos melhores estudantes da primeira classe, em prosa e verso, em que era muito hábil" (Caxa; Rodrigues, 1988, p. 61). Em seu segundo livro, Pero Rodrigues ainda dedicará atenção às virtudes de Anchieta como homem de oração, devoção, pobreza, castidade, obediência, mansidão, paciência, humildade e zelo pela conversão do gentio (1988, p.17; 101-128).

Suas habilidades também são testemunhadas por seu amigo e colega dos tempos de Coimbra, D. Pedro Leitão, segundo Bispo do Brasil, que, sobre sua lírica, afirma ser José de Anchieta "imbatível e exemplar" (Vasconcelos, 1943, p. 11). É de D. Pedro Leitão o título de *Canário* atribuído ao Anchieta, em alusão a seu lugar de nascimento e também ao pássaro que mais agrada os ouvidos dos homens e é popular no Brasil. Também graças à sua maestria na língua de Camões, seu primeiro biógrafo, Pe. Quirício Caxa, afirma, não por menos, que foi chamado de "Canário" por conseguir atrair os ouvidos dos homens para sua prosa e rima (Vasconcelos, 1943, p. 146). "Primeiro, porque nelas lhe dava muito gosto e, segundo, porque delas se fez aprendiz como se as houvesse mamado no leite" (Caxa; Rodrigues, 1988, p.15) – assim disse Quirício Caxa, quando afirmou a habilidade que o jovem Anchieta adquirira com a língua portuguesa, coisa rara naqueles que têm a língua castelhana por natural.

Como era comum naqueles tempos, as cartas dos missionários da Companhia de Jesus no Novo Mundo enchiam o imaginário dos estudantes. Como o jovem Anchieta era parente distante do grande Inácio de Loyola, decide entrar na Companhia de Jesus, fazendo seu noviciado em Coimbra. Este fato privado e não menos importante será o ponto de partida de um processo que seguirá reverberando durante toda a sua vida.

Anchieta faz os Exercícios Espirituais de um mês, exigência para todos os que desejavam se alistar na Mínima Companhia. Certamente, tirou disso grande proveito espiritual ao contemplar os mistérios da Encarnação (EE 101) e na meditação das Duas Bandeiras (EE 136), pedindo insistentemente à Virgem Maria que lhe concedesse a graça de ser colocado com seu Filho (EE 147). Muitas alegorias usadas em sua dramaturgia beberam do imaginário inaciano, enquanto marcadamente alimentado pela lógica do combate (Barbosa, 2006, p. 379). Contudo, sua obra principal de mariologia é, sem sombra de dúvidas, o *Poema da Bem-aventurada Virgem Maria* (1988b).

Os versos deste poema – concebido num momento dramático, na condição de refém dos índios tamoios, sozinho entre os inimigos, sujeito a todo tipo de perigo, tendo só o seu breviário – ele irá escrever, nas areias da praia de Iperoig, a Cristo e à Virgem Santíssima. Após quase dois meses e meio, regressa à residência da Companhia, onde cumpre a promessa que tinha feito à Virgem de colocar no papel tais versos que lhe havia dedicado. De memória, transcreve 5.788 versos em puro latim, sendo assim, em decorrência de seu pioneirismo, reconhecido como o primeiro mariólogo jesuíta (Fornell, 1997).

O *Poema da Bem-aventurada Virgem Maria* (1988b) é um incansável monólogo afetuoso e singular a Santa Maria e a Jesus Cristo. Em alguns momentos, sua lira repousa na contemplação do rosto lindo da Virgem, fazendo-nos voltar a imaginação ao voto feito em Coimbra, e, por influência dos Exercícios, permanece o pedido de que ela bondosamente alcance-nos o seu Filho.

Tal relação não é arbitrária, pois, em situação *in extremis*, diante do perigo de corpo e de alma, podendo ser morto pelos inimigos ou perder sua virtude e castidade, sozinho no cativeiro entre os tamoios, recorre ao que ensina em seu próprio catecismo: "Quem é a nossa ajuda e amparo na hora da morte? É Santa Maria Mãe de Deus... Que há de dizer um quando estiver para morrer? 'Jesus, Maria, Creio'" (Anchieta, 1988a, p.154).

Os três primeiros biógrafos de José de Anchieta são unânimes ao destacarem sua devoção à Virgem Maria como marca distintiva de sua lírica – Quirício Caxa indica 6 citações à Virgem Maria, Pero Rodrigues 19 citações e Simão de Vasconcelos aponta 36 citações. Na experiência de José de Anchieta, deparamo-nos com a tentativa constante, em sua poesia, de identificar o objeto de sua devoção e os públicos implicados.

Como catequista que era, nada nele é por acaso, e essa tentativa ganhará forma mais bem-acabada no Auto de Rerigtibá. Em seus versos, articula-se, conforme sistematiza González Dorado (1992), a tentativa de apresentar tanto a Maria da história como a Maria da fé pascal, a Maria da Igreja magisterial e a Maria da piedade popular. Nesse esforço, reconhecemos a decolonialidade de sua mariologia, pois Maria aparece no imaginário do índio ressignificada pelo trabalho de seu catequista, originando uma teologia que gera uma imagem menos ambígua (Dorado, 1992, p. 36).

1.2 A conquista da língua: o diálogo da fé em língua e costumes indígenas

Os jesuítas chegam ao Brasil em 29 de março de 1549, juntamente com o primeiro governador-geral Tomé de Sousa, dentro da política do padroado português, que visava primordialmente à conversão de parcela significativa da população local ao catolicismo. Nessa primeira leva, liderado por Pe. Manuel da Nóbrega, aporta em Salvador (BA) um grupo de cinco jesuítas: Pe. Leonardo Nunes, Pe. Antônio Pires, Pe. João de Azpilcueta Navarro e os irmãos Vicente Rodrigues e Diogo Jácome, que depois se ordenaram padres.

Por causa da grande necessidade de vigário para as pregações e as desobrigas (ações sacramentais ou meramente religiosas que são realizadas de forma preceituais como missas votivas, confissões, sacramentos e outras ações que se realizam em passo), tocou aos jesuítas atender primeiro no arraial, mas, com a chegada de sacerdote, logo deixam a casa e a igreja de Nossa Senhora da Ajuda, que com dificuldade haviam construído com as próprias mãos, para ir habitar nas aldeias, pois, conforme o regimento metropolitano, as vilas eram geridas pastoralmente por um pároco (Leite, 1938, p. 4). Os jesuítas tinham clareza que esta missão não lhes tocava, por isso deixam a igreja e residência que haviam construído. Como primeiro ato, decorrente dessa mudança, libertam um grupo de índios carijós, escravos dos portugueses, garantindo sua proteção, defesa e catequização. Pe. Nóbrega relata que, ao voltar das aldeias, ouvia, com prazer, que na beira dos caminhos se repetia o nome suavíssimo de Jesus (Leite, 1938, p. 5).

Escolhendo um lugar chamado Monte Calvário, onde se encontrava a maior força dos índios tupinambás na região, ergueram sua nova residência. Conforme sua deliberação, colocaram todo o seu cabedal em aprender a língua do gentio (Nóbrega, 1988, p. 73). Quem mais se destacou nesse intento foi o Pe. João de Azpilcueta Navarro (Vasconcelos, 1865, p. 32).

Depois de poucos dias andados, além dos perigos, tocou aos missionários reconhecer as dificuldades em levar aqueles trabalhos que Pe. Nóbrega chamava de "empresa", pois vieram empreender seus esforços pela proclamação do Evangelho (Nóbrega, 1988d, p. 82). Sua visão ingênua, fruto da euforia da primeira hora, fazia pensar que os índios eram como *tamquam tabula rasa* (Nóbrega, 1988, p. 94), isto é, papel em branco em que se podiam escrever à vontade as virtudes mais necessárias. Contudo, a aparente facilidade escondia as dificuldades que foram se impondo, pois a falta de autoridade vinha a ser o principal obstáculo para a evangelização (Leite, 1938, p. 5-6). Logo, a euforia inicial encontrou dificuldades:

> Contava um Padre de nossa Companhia, grande lingoa brasilica, que penetrando huma vez o sertão, chegando a certa aldea, achou huma India velhissima no ultimo da vida; cathequizou-a naquelle extremo, ensinou-lhe as cousas da Fé, e fez cumpridamente seu officio. Depois de haver-se cansado em cousas de tanta importancia, attendendo a sua fraqueza, e fastio, lhe disse (fallando a modo seu da terra): "Minha avó (assi chamão as que são muito velha) se eu vos déra agora um pequeno de açucar, ou outro bocado de conforto de lá das nossas partes do mar, não o comerieis?" Respondeo a velha cathequizada ja: "Meu neto, nenhuma cousa da vida desejo. Tudo já me aborrece; só huma cousa me podéra abrir agora o fastio: se eu tivera huma mãosinha de hum rapaz Tapuya de pouca idade tenrinha, e lhe chupára aquelles ossinhos, então me parece tomara algum alento" *[sic]*. (Vasconcelos,1865, p.33)

É constante na correspondência da Companhia afirmar que, tirando a dificuldade dos costumes, os índios não tinham repugnância em aceitar a religião e até pediam para ser doutrinados (Leite, 1938, p. 6). De fato, mesmo movidos por interesse, não eram constantes no desejo, oscilando na vontade (Leite, 1938, p.183). Sobre a catequese, dizia Pe. Nóbrega, já em 1553: "Não se pode falar com o gentio sem facas, anzóis, contas, espelhos e outros objetos...". São sempre movidos por outros interesses. Assim atesta o Pe. Luís da Grã ao dizer que esse era o grande obstáculo à catequese sólida e verdadeira, isto é, uma defi-

Capítulo 1

ciência de vontade principalmente nos índios maiores. Para Pe. Nóbrega, sem sujeição[4] não era possível catequizar os indígenas, pois os rapazes, depois de serem bem instruídos, acabavam seguindo seus pais nos costumes gentílicos (Anchieta, 1984a, p. 113-115).

    José de Anchieta registrou as dificuldades que a Companhia de Jesus teve com o primeiro Bispo do Brasil, D. Pedro Fernandes Sardinha, que desautoriza a ordem escrevendo a Sua Alteza contra o proceder dos padres com a catequese em 1551. Os motivos, entre outros, eram o costume dos meninos órfãos de cantarem as melodias de Portugal ao modo gentílico, o enterro dos mortos com música, bem como o corte de cabelo à moda da terra (Nóbrega, 1988, p.142). A controvérsia que se levanta com esse fato versa sobre o estatuto do índio na sociedade colonial e o papel da Companhia de Jesus.

    Para o Pe. Nóbrega, os índios eram o alvo do trabalho missionário e, portanto, defensáveis perante os abusos dos portugueses, ao passo que, para D. Fernandes Sardinha, sua incorporação à sociedade não se limitava à situação de escravidão. Essa será a principal razão que fará Pe. Nóbrega se ausentar e deixar tão poucos jesuítas na Bahia à espera de melhor ocasião – só para que não morresse o princípio do apostolado. O governador-geral D. Duarte da Costa, para resolver o conflito entre indígenas e portugueses, reduzirá o número de dez para quatro aldeias na Bahia. A decisão do Pe. Manuel da Nóbrega de abrir novas frentes apostólicas mais ao sul do país é o fato que levanta a pergunta: qual era a ideia que os jesuítas tinham de Brasil? (Nóbrega, 1988, p. 146).

---

[4] Reduzir em aldeias, como súditos do rei, sobre o poder policial do Estado português.

A necessidade de adaptar os costumes ibéricos e indígenas para atrair o gentio se impõe na primeira hora e, para tanto, a experiência de Pe. Nóbrega nas Índias Orientais fazia toda a diferença. Não podemos esquecer que os jesuítas foram capazes de se adaptar ao diálogo cultural produzindo gramáticas na Índia, na China e no Japão, pois a não existência de um sistema social, cultural e religioso tão delimitado como em outros povos exigia outra abordagem mais qualificada da parte da Companhia. De fato, sem se adaptar ao secundário e ao externo, não se conquistaria o espírito do gentio (Leite, 1938, p. 12).

Tal questão já se coloca claramente na dificuldade que tiveram para encontrar expressões e vocábulos para falar de Deus (Tupã), dos sacramentos etc. (Nóbrega, 1988, p. 101). A pergunta sobre a religião dos índios recebeu inúmeras tentativas de resposta e, na maior parte delas, confundem-se ações folclóricas, etnológicas e místicas. Todavia, os cronistas jesuítas são unânimes em negar que os índios tivessem a ideia de Deus criador, porque eles não concebiam religião sem doutrina e ritos exteriores (Leite, 1938, p. 14-15). Na verdade, não era o índio que não tinha religião, mas, sim, o colonizador que não foi capaz de percebê-la.

Para Anchieta, os índios não adoravam criatura nenhuma. Mas, quando perguntados, diziam que "somente os trovões cuidam que são coisa divina" (Nóbrega, 1988, p. 99). Sobre esse tema, toca-nos demonstrar que a identificação *Tupã = Deus* não era compreendida de forma rigorosa, pois, em certa medida, era praxe dos missionários evitar tais equívocos. Contudo, para a Companhia de Jesus, a questão da conversão dos índios não era doutrinária, mas, sim, questão de costumes (Leite, 1938, p. 12).

Em 1º de novembro de 1549, partem para São Vicente o Pe. Leonardo Nunes e o irmão Diogo Jácome.

Nessa nova *empresa*, irão admitir jovens "línguas", isto é, crianças intérpretes que acompanhava os missionários em seu ofício (Navarro et al., 1988, p. 95). Todavia, para o Pe. Leonardo Nunes, era de fundamental importância recuperar primeiro os portugueses, porque deles dependia a conversão do gentio. Como não havia aldeias indígenas no litoral de São Vicente, com a ajuda de intérpretes, parte corajosamente o Pe. Leonardo Nunes atrás das aldeias próximas, pedindo a seus principais ou líderes tupinambás que lhes dessem seus filhos para os educar entre os portugueses, pois, conforme a compreensão dos missionários, na ausência de rei, devem-se converter os maiores do povo (Vasconcelos, 1865, p. 43-44).

O primeiro desenho para um manual doutrinário ou catecismo atribui-se ao Pe. João de Azpilcueta Navarro, que traduziu do latim para a cosmovisão do gentio a criação do mundo, a encarnação, alguns artigos da fé, os mandamentos da Lei e ainda outras orações, especialmente o pai-nosso, que ensinava às crianças e as exortava a rezarem aos enfermos (Navarro et al., 1988, p. 76). Foi decisiva sua viagem a Porto Seguro para atender às aldeias daquela região, pois encarregou-o a Providência Divina de encontrar nessa capitania um homem[5] que tinha o dom de escrever na língua dos índios. Diante dessa ajuda, dedicou a maior parte do tempo a dar sermões para que fossem colocados esses conteúdos na língua da terra (Navarro et al., 1988, p. 92-97).

Na correspondência da Companhia, afirma-se o motivo de tanta facilidade do Pe. Navarro com a língua do

---

[5] O documento unicamente informa ser um homem de boas partes antigo na terra e que tinha dom de escrever na língua dos índios (primeiro mestre – o "abanhéenga" do Pe. Navarro). Conforme as pesquisas de Armando Cardoso, o nome desse homem é Francisco Bruza de Espinosa (Anchieta, 1992, p. 25).

gentio: sua origem basca (Nóbrega, 1988, p. 93). Tal fato atribui elemento significativo ao papel que José de Anchieta desempenhará, por ter ele pai também basco. Como estratégia para o estudo e o desenvolvimento de intérpretes "línguas", os jesuítas criaram colégios a fim de atender a essa demanda (Leite, 1938, p. 32-37). Como afirma o Pe. Navarro, eram úteis não só para ensinar a doutrina, "mas também para a paz e sossego da terra e proveito da República" (1988, p. 98). Nesse movimento, mesmo sendo poucos os jesuítas, foram se espalhando por toda a costa do Brasil (Vasconcelos, 1865, p. 31).

    Era notável a abertura dos indígenas para a dança e a música, realidade que logo tomará lugar no projeto catequético jesuítico. É frequente encontrar na correspondência da Companhia registros de índios pedindo aos missionários que cantassem em sua língua as músicas que cantavam na liturgia (Nóbrega, 1988, p. 86). José de Anchieta será quem mais captará esse potencial em sua rima sonora. Tal riqueza não só estará a serviço do lúdico, do ético, do estético e do aliciamento do gentio, mas, conforme o projeto anchietano, ocupando lugar de destaque em seu sistema catequético.

    O público-alvo para a catequese eram as crianças e jovens, pois, educados nos valores cristãos, poderiam suplantar em si os costumes gentílicos (Nóbrega, 1988, p. 115). Com efeito, as estratégias catequéticas encontradas até então passavam pela tolerância de alguns costumes, exceto a poligamia, a antropofagia e a feitiçaria, antagônicas ao cristianismo (Cunha, 2014, p. 27). Para os jesuítas, era claro que os jovens deveriam ser educados nos costumes, nas letras e na doutrina cristã; os adultos, acompanhados em sua formação e incorporação aos sacramentos, e os anciões, público mais resistente à conversão, deveriam ter a garantia de morrerem cristãos.

Capítulo 1

Nesses primeiros contatos, aparecem claramente aos missionários as competências que facilitariam a acolhida da fé. Todavia, conforme a prudência, mesmo que lhes pedissem, os missionários costumavam não administrar o batismo enquanto não dessem prova de ter deixado os velhos usos. É o próprio Pe. Navarro quem nos registra a rotina catequética que faziam os missionários, quase sempre acompanhados por intérpretes "línguas" para facilitar o diálogo com o gentio, dando preferência aos seus principais (Nóbrega, 1988, p. 103).

> Ás segundas e terças-feiras, visita tres ou quatro aldêas; ás quartas e quintas duas ou tres das aldêas mais distantes, e á sexta feira volta á cidade para fazer a exhortação [...]. Aos sábados preparo-me para o sermão do domingo que faço na missa ora na cidade, ora em um lograr de antigos habitantes, onde ensino a doutrina christã aos filhos e aos escravos dos Christãos [...]. Todos os domingos fazemos procissões dirigindo-nos a certas ermidas que se fizeram para as peregrinações pias, e outras devoções semelhantes [sic]. (Navarro et. al., 1988, p.78).

Com essa estratégia, o Pe. Manuel da Nóbrega irá pedir ao rei que envie órfãos de Lisboa para abrir um colégio no Brasil. O desejo dos missionários era aprender pouco a pouco a língua para ir sertão adentro nos "Brasis" onde ainda não chegou cristão (Nóbrega, 1988, p. 115). A segunda leva de jesuítas chega ao Brasil em meados de 1551, trazendo vinte meninos órfãos, conforme o pedido do Pe. Nóbrega, e quatro outros padres – Afonso Brás, Francisco Pires, Salvador Rodrigues e Manuel de Paiva. Com esses órfãos, nasce em 5 de agosto de 1552 o Colégio dos Meninos de Jesus.

O Colégio dos Meninos de Jesus, fundado em Salvador, logo produziu fruto, pois alavancou o trabalho missionário e deu esperança de novas vocações jesuítas. Os meninos andavam pelas aldeias com pregações e cantigas de Nosso Senhor na língua da terra, que muito alvoroçava a todos (Nóbrega, 1988, p. 129). Outro incremento potencializado com esse reforço foi a prática da assistência das confissões com intérprete (Nóbrega, 1988, p. 160), quando o padre não conhecia a língua dos índios. Esse item do programa missionário produziu grande controvérsia, demandando atenção especial do ordinário local – a prática acabou por gerar contenda com o Bispo, exigindo uma autorização específica por se tratar de coisa nova. Destacam-se a contribuição do português Diogo Álvares Correia[6] – o Caramuru –, que era muito estimado pelos índios e totalmente empenhado em sua conversão (Nóbrega, 1988, p. 143), e o trabalho dos "línguas" Pedro Correia e João de Sousa, e outros rapazes (Anchieta, 1984a, p. 99).

> Fazem entrada pelo sertão, a pé, até distâncias consideráveis para o tempo e para a idade. Uma vez andaram sete léguas. Os caminhos através dos matos eram ásperos, a passagem dos rios difíceis. Só as "ostras eram bastantes para lhes cortar as pernas se não fora Deus com eles". Ao chegar às aldeias, os índios abriam-lhes caminhos largos como a estrada de Coimbra e limpavam-lhes as estradas como a santos e recebiam-nos ao som dos seus instrumentos musicais – a taquara e o maracá. E eles com grinaldas na cabeça, faziam procissões, erguiam cruzeiros, cantavam, dançavam. As florestas virgens do Brasil alvoroçavam-se com os primeiros acordes da liturgia cristã, evidentemente simplificada, mas não menos bela naquele grandioso cenário. Entretanto, as crianças, aproveitavam a oportunidade para ensinarem os elementos da religião, "a Paixão de Nosso Senhor, os Mandamentos, o Padre Nos-

---

[6] Náufrago português que passou a vida entre os indígenas facilitando o contato dos europeus. Sua contribuição junto aos jesuítas como "língua" lhe conferiu status particular, recebendo reconhecimento no pedido feito por Pe. Manuel da Nóbrega ao Rei para que conferisse a seus trabalhos um ordenado. O título de *Caramuru*, dado pelos índios tupinambás, significa moreia do mar, que faz alusão ao fato de os índios o terem encontrado naufragado numa pedra.

so, o Creio e a Salve Rainha", ensinavam os pais e os pais com as mãos postas vão atrás dos filhos, cantando Santa Maria e eles respondendo *ore pro nobis [sic]*. (Leite, 1938, p.37-38)

José de Anchieta chega à Bahia em 13 de junho de 1553, com 19 anos de idade, acompanhado do Pe. Luís da Grã e de algumas crianças órfãs vindas de Portugal, configurando a "terceira leva de jesuítas destinados ao Brasil" (Caxa; Rodrigues, 1988, p. 16). Sua chegada foi sinal de um novo tempo na missão, pois, superadas as dúvidas sobre sua saúde e reconhecidas suas habilidades literárias, dará seu maior contributo aos povos do Brasil junto ao Pe. Manuel da Nóbrega. Todavia, será na Vila de Piratininga (futura cidade de São Paulo), polo avançado da missão nos sertões, que ele mostrará todas as suas habilidades como mestre-escola do mais novo colégio da Companhia.

Depois de três meses na Bahia, no início de outubro de 1553, na embarcação do ouvidor-geral Pero Borges, durante uma escala em Porto Seguro, com mais oito órfãos, conhecerá o Pe. João de Azpilcueta Navarro, pioneiro no domínio e tradução da língua indígena. Em consequência de seus esforços na primeira hora, os missionários da Companhia de Jesus falavam aos índios em sua língua e costumes (Navarro et al., 1988, p. 76). O irmão José, nos três meses passados na Bahia, logo se interessou pelo idioma indígena, não perdendo a ocasião de ter acesso às notas linguísticas de seu irmão maior, que, entretanto, ainda não acertara as regras gramaticais da nova língua, ofício que Anchieta se encarregará de descobrir e classificar (Cardoso, 2014, p. 88).

No caminho, em nova escala, a embarcação para no Espírito Santo para lá deixar o Pe. Brás Lourenço e pegar o Pe. Afonso Brás, homem experiente que muito ajudará o jovem Anchieta, interessado por tudo o que diz respeito a esse novo mundo. O grupo de novos jesuítas foi recebido por Pe. Manuel da Nóbrega em São Vicente, formando o maior grupo de jesuítas no Brasil (Cardoso, 2014, p. 98). Ali a Companhia hospedou Manuel da Nóbrega, Leonardo Nunes, Afonso Brás, Francisco Pires e Vicente Rodrigues; dez irmãos, entre estudantes e coadjutores: Diogo Jácome, José de Anchieta e Gregório Serrão (vindos de Portugal), Mateus Nogueira, Pedro Correia, João de Sousa, Manuel de Chaves, Gonçalo de Oliveira, Fabiano de Lucena e Antônio de Atouguia. Dos órfãos vindos de Lisboa, nem todos perseveraram.

Cheio de esperança, saindo das tensões que se formaram na Bahia, Pe. Nóbrega escreve ao Rei de Portugal dando notícias do trabalho com os órfãos da terra e filhos do gentio (Nóbrega, 1988, p. 144). O projeto do Pe. Manuel da Nóbrega e do Pe. Leonardo Nunes era entrar sertão adentro em busca dos carijós ou guaranis do Paraguai, pois, segundo eles, eram a melhor raça para a conversão. A decisão de transferir de São Vicente para Piratininga a numerosa comunidade de estudantes foi coisa de última hora e precedeu qualquer organização de uma base econômica. Contudo, muito ajudou a boa indústria de um homem leigo, Sr. Aires Fernandes, que dispôs mantimentos e fez criações com que pudessem manter a casa. (Viotti, 1980, p. 63).

Serão reunidas em Piratininga três tribos do planalto, a saber: as dos chefes Tibiriçá, Caiobi e Tamandiba. Além desse entreposto, criou-se outro chamado Maniçoba ou Jupiúba, na região que hoje chamamos de Itu. Os jesuítas aguardavam a autorização da Coroa para seguir ao Paraguai, mas o governador-geral Tomé de Sousa a negou, recorrendo ao Rei de Portugal e até a Roma por motivos de segurança perante a escassez de missionários e o domínio espanhol do território (Viotti, 1980, p. 47-54).

Embora não estivesse completamente convencido, Pe. Nóbrega irá centrar as bases em Piratininga, fundando um colégio em 25 de janeiro de 1554 – festa de São Paulo Apóstolo (Anchieta, 1984, p. 74). Mesmo diante de tamanha penúria, abrem-se as classes de gramática em uma casa pequena de 14 por 10 passos (pensada para o frio), onde moravam mais de 20 pessoas (tanto órfãos portugueses como indígenas), com uma mesa tendo por toalha folha de bananeira e comendo aquilo que lhes era trazido pelos índios. Nesse planalto, onde hoje está o *Pátio do Colégio* em São Paulo, brilhará para o Novo Mundo a vocação de José de Anchieta. Mesmo em formação, tornar-se-á formador de muitos missionários, oferecendo o instrumento mais necessário para a evangelização do gentio.

Sem ter livros ou instrumento didático, era comum ver o jovem José romper a madrugada produzindo material. Nesse esforço, vai construir a *Arte da gramática do Brasil* (1595), traduzir a *Doutrina cristã* (1992) na língua do gentio – no esquema de catecismo (perguntas e respostas) – para instruir os confessores, e acompanhar aqueles que morrem para o caminho da "vida nova" (rito *in extremis*). Como afirma Simão de Vasconcelos (1943), o principal ofício do irmão José era formar discípulos destros na língua e no espírito (Vasconcelos, 1943, p. 31-36). O grupo de órfãos educados por Anchieta, a exemplo daquilo que já se fazia na Bahia, recebeu o nome de "discípulos", primeiro por serem 12, e segundo, pela necessidade de intérpretes para o trabalho missionário. Seus nomes, conforme a lista de Simão de Vasconcelos (1943): Ir. Correia, Ir. Chaves, Ir. Gregório Serrão, Ir. Afonso Brás, Ir. Diogo Jácome, Ir. Leonardo do Vale, Ir. Gaspar Lourenço, Ir. Vicente Rodrigues, Ir. João Gonçalves, Ir. Antonio Blasques (castelhano) e o Pe. Manuel de Paiva.

Nos três primeiros anos que se seguiram, o Colégio de Piratininga não teve outro mestre além de José de Anchieta. Se a historiografia atribui à Companhia de Jesus a fundação da cidade de São Paulo, deve-se atribuir o funcionamento do Colégio ao seu primeiro mestre, que garantiu sua permanência e eficácia. Conforme Viotti (1980), antes de 1556, Anchieta já tinha escrito a *Gramática da língua mais usada na costa do Brasil* (1595), levada no mesmo ano para a Bahia por Pe. Manuel da Nóbrega, visando facilitar o trabalho dos missionários.

De acordo com Pero Rodrigues, ao que parece, José de Anchieta havia composto em apenas seis meses a primeira gramática do Brasil, calcada na gramática latina (Caxa; Rodrigues, 1988, p. 64). Aperfeiçoada durante 40 anos, será impressa em Coimbra no ano de 1595, com o *imprimatur* de D. Agostinho Ribeiro, antigo aluno dos jesuítas na Bahia e primeiro filho da terra a ingressar no Episcopado (Viotti, 1980, p. 61).

Na mesma língua, em virtude do seu zelo pela conversão do gentio, José de Anchieta escreverá várias canções, devoções e dramas sacros para a edificação, promoção e diversão dos indígenas. Seu primeiro biógrafo, o Pe. Quirício Caxa, que chegou ao Brasil em 1563, depois de ensinar letras como professor de teologia e orientador de estudos, quando Anchieta se preparava para o sacerdócio na Bahia (1565-1566), é quem nos dá o mais confiável relato de sua habilidade na aprendizagem da língua tupi: "Chegou a entendê-la e a falá-la com toda a perfeição, e compor nela e transladar as coisas necessárias para a doutrina e catequese (...)" (Caxa; Rodrigues, 1988, p. 18). Os dois verbos usados para designar a ação de Anchieta dizem muito, pois por "compor" e "transladar" se deve entender que ele é tanto o autor como o tradutor nessa língua.

Capítulo 1

Segundo o testemunho de Quirício Caxa, José de Anchieta é o principal autor do Catecismo, pois, antes dele, atuaram traduzindo orações o Pe. João de Azpilcueta Navarro e o Pe. Luís da Grã, que, com ajuda de intérprete, chegam a explicar aos índios da Bahia a doutrina da fé por meio de diálogos (perguntas e respostas). Em São Vicente (1555), por haver um bom grupo de missionários com experiência na catequese indígena, resolveram recopiar e aperfeiçoar um catecismo completo que chamaram de *Doutrina* enquanto examinavam os termos mais exatos para as orações e explicações do dogma – que era, para os jesuítas, a doutrina da iniciação cristã e os temas de escatologia.

Esse esforço coletivo da Companhia por canonizar as expressões colocará as bases para a obra do catecismo anchietano. Certamente, havia algumas dúvidas, no tocante à primeira elaboração usada no Norte por Pe. Azpilcueta Navarro, que precisavam ser corrigidas. Contudo, para a exposição de dogmas, optaram pelo formato de diálogo elaborado por José de Anchieta. O mesmo afirma seu segundo biógrafo, Pero Rodrigues, pois a semelhança com o texto de Caxa apenas confirma seu testemunho. Será Pero Rodrigues quem divulgará o nome do Apóstolo do Brasil aos quatro ventos, visto que sua biografia foi a primeira a ser traduzida para o latim e tornar-se muito popular na Europa.

Simão de Vasconcelos (1943), historiador da Companhia de Jesus e seu terceiro biógrafo, retoma o tema da autoria e tradução do catecismo:

> Além da Arte [Gramática], fez também *Vocabulário* da mesma língua. Traduziu a *Doutrina cristã* e os *Mistérios da fé* dispostos ao modo de diálogo, em benefício dos índios catecúmenos, e fez tratado, interrogatório e avisos para os que houvessem de confessar e confessar-se, e para instruir principalmente no tempo da morte os já batizados, deixando alívio com seus trabalhos aos vindouros que

se houvessem de ocupar no trato da salvação das almas. (Vasconcelos, 1943, p. 33-34)

Conforme o comentário de Armando Cardoso (1988), um dos maiores pesquisadores da obra anchietana, deve--se considerar que, além da *Gramática* e do *Vocabulário*, as principais obras de José de Anchieta em tupi são *Doutrina da fé*, com tradução, *Diálogo da fé* – a par com a *Instrução in extremis* – e *Instrução de catecúmenos* como composições próprias, confirmando os testemunhos mais antigos de Quirício Caxa e Pero Rodrigues (Cardoso, 1988, p. 29).

Simão de Vasconcelos (1943) ainda registra o sucesso do Catecismo do Brasil, método que o Bispo de Cabo Verde pediu por escrito ao Pe. Inácio de Azevedo para fazer o mesmo com os negros de sua diocese. Quirício Caxa (1988), enviando o texto do Catecismo do Brasil a Roma no processo de beatificação do Apóstolo do Brasil, compara-o, em sua recomendação, ao catecismo feito pelos jesuítas do Japão, dizendo: "Pode haver mais fausto e pompa nas outras obras catequéticas feitas pela Companhia de Jesus, mas no Brasil havia mais conhecimento de Deus, mais pureza de alma e fervor por meio deste catecismo" (Leite, 1938, p. 34).

A importância dessa conquista atribuiu ganho particular a toda a missão da Companhia. Todavia, tal incremento não se fecha aos dois tempos do dia dedicados à sua aplicação nas aldeias e às variações de sua aplicação. Em certa medida, como variam as formas de sua aplicação, também se amplia seu uso para a dramaturgia. Popularmente, acostumamo-nos a reconhecer o teatro anchietano como algo à parte. No entanto, o *Auto da Assunção* (1590), texto-base e motivador de nossa pesquisa, tem por esquema central, isto é, seu início, meio e fim, a estrutura do *Diálogo da fé* (1988). Essa constatação vincula tal instrumento, sua finalidade e eficácia às pretensões catequéticas do teatro anchietano.

1.3 Os jesuítas no Espírito Santo e a criação das aldeias

Segundo Carta Régia de D. João III, de 1° de junho de 1534, assume a 11ª Capitania do Brasil como donatário o fidalgo Vasco Fernandes Coutinho (1490 – 1561). Como prêmio por serviços militares, vem ao Brasil trazendo consigo aproximadamente sessenta pessoas interessadas em encontrar minério e pedras preciosas (Cunha, 2015, p. 98-100). O novo sítio recebeu o nome de Vila do Espírito Santo (nome que se estendeu a todo o território – atual Vila Velha) devido à data de 23 de maio, festa litúrgica do Divino Espírito Santo.

Por questão de defesa, escolheram a maior das ilhas (Santo Antônio) para construir sua capital dedicada a Nossa Senhora da Vitória. Chamaram logo a atenção essas terras, principalmente pela diversidade de rios e pela existência de minérios e recursos naturais (Anchieta, 1984a, p. 123-153). Mesmo sendo pequena a vila, Vasco Coutinho conseguiu atrair recursos humanos, financeiros e parcerias que favorecessem a defesa, a organização e a subsistência da população.

Contudo, a ação predatória dos portugueses não tardaria a criar tensões com os indígenas da região, pois onde não havia se fixado português, o sistema de relações era baseado na permuta (Fernandes, 1963, p. 97). Tal hábito foi responsável por deflagrar dois dos maiores confrontos ocorridos na região (1540 e 1557), colocando em perigo a sobrevivência do núcleo inicial.

O próprio José de Anchieta registra a existência de guerras em que morreram muitos indígenas e portugueses, vindo, porém, ao final, o gentio se sujeitar (Anchieta, 1988c, p. 314). A saída dada a essas tensões pelo governador-geral Tomé de Sousa contemplava a instalação de um estado policial para conter os conflitos locais com os indígenas e impedir a invasão estrangeira.

O primeiro jesuíta a pisar na capitania do Espírito Santo foi o Pe. Leonardo Nunes, em missão a caminho da capitania de São Vicente, acompanhando índios carijós cristãos que tinham sido aprisionados, deportados para outra capitania e vendidos como escravos. A ordem do Pe. Nóbrega era reconduzir esse grupo de índios a sua terra e lá ficar para os catequizar.

Por causa das disposições do governador-geral Tomé de Sousa, também tocou ao Pe. Nunes negociar a libertação de índios carijós escravizados nessa capitania. Devido a problemas técnicos, Pe. Nunes teve que adiar sua viagem a São Vicente por um mês, dedicando esse tempo a atender a população cristã e à evangelização de grande número de índios (Navarro et al., 1988, p. 89).

Como não conseguiram seguir viagem levando consigo os índios na condição de livres, os carijós foram deixados na capitania do Espírito Santo como agentes colonizadores. Esse novo estatuto de índios aliados-catequizados tornara-se, nesse episódio, exemplo do trabalho útil que eles poderiam proporcionar se fossem catequizados[7]. Contudo, os recorrentes agravos provindos dos portugueses, que desejavam capturar suas terras e escravizá-los, colocava em descrédito o trabalho missionário, provocando ira e guerras internas.

Os aldeamentos serviam também aos colonos como reserva de mão de obra. O trabalho indígena podia ser re-

---

[7] Como os índios na capitania eram escravos, Pe. Nunes, durante um mês, dedicava-lhes seu fim de tarde e início da noite a sua assistência com a ajuda de uma língua. A essa iniciativa se agruparam também homens, mulheres e jovens colonos e, não sendo possível mais atendê-los na pequena capela de Nossa Senhora do Rosário, passou a dirigir suas pregações na rua ao ar livre (Cunha, 2015, p. 112-113).

crutado em momentos de maior demanda dos engenhos, no litoral, ou na extração de minérios e para a condução de boiadas no sertão. Ao recrutamento deveria corresponder um salário justo, embora geralmente isso não fosse respeitado. Aos poucos, os colonos passaram a tentar burlar o sistema de todas as formas. Paralelamente, seguia-se a prática, tornada legal, de escravizar índios tomados em guerra justa.

> A grande sêde e cobiça dos Christãos desta terra em lançar daqui de em redor da cidade aos Indios, e crescendo tanto estes tyrannicos desejos porque lhes deixassem as roças e terras desembaraçadas, que, por todas as vias que podiam, os perseguiam, levantando mentiras, dizendo-lhes que os haviam de matar como chegasse o novo governador (...) resultou um grande mal para nós outros e pouco crédito entre os Gentios, e foi que, como antes lhes assegura vamos que não lhes fariam mal, si fossem christãos fieis e deixassem os seus costumes, vendo depois os aggravos tão grandes que lhes faziam e quão mal os podíamos soccorrer, ficamos entre elles havidos por mentirosos, e, por conseguinte toda a nossa prégação e doutrina desacreditadas [sic]. (Anchieta, 1988c, p.206)

Os jesuítas Pe. Afonso Brás e o Ir. Simão Gonçalves são os primeiros missionários enviados ao Espírito Santo pelo Pe. Manuel da Nóbrega, em 1551. Devido à urgência, por não haver pároco em Vila Velha, recaiu sobre eles, durante seis anos, o peso da assistência pastoral da capitania. De acordo com a recomendação de Pe. Nóbrega, segundo a qual as casas eram de "taipa de mão e palha" ou de "pau a pique", em carta ao Provincial de Lisboa, recomendava-se que fosse adotado o plano geral para construções das casas da Companhia, pois desejavam dar "princípio a casas que fiquem para enquanto o mundo durar", como se faz em outras partes (Nóbrega, 1988, p. 137).

No ano seguinte, graças à doação de Duarte de Lemos, edificaram na Vila Nova de Vitória uma residência e uma igreja sob a invocação de São Tiago Maior (Caxa; Rodrigues, 1988, p. 58) e adquiriram terras para o sustento do futuro colégio (Leite, 2006, p. 225). Essa opção se justificava pela proximidade com os assentamentos indígenas, além do atendimento pastoral aos portugueses.

Na primeira hora, foram criadas escolas de ler e escrever para doutrinar as crianças indígenas, escravas e livres, visitando seus engenhos e aldeamentos (Leite, 1938, p. 215). A correspondência da Companhia de Jesus não esclarece se são escravos negros e índios ou só índios, considerando que nessa capitania se registra uma grande quantidade de índios escravizados. Quando lemos "escravos", deve-se ter em mente índios livres e escravizados por escambo ou outra forma de sujeição. Além disso, a evangelização aqui tinha por meta também reformar os costumes dos portugueses, que não se cansavam de injustamente capturar e escravizar o gentio (Navarro et al., 1988, p. 84-89).

Entretanto, é importante destacar que, independentemente dos interesses relacionados ao sistema do padroado, se busca, em última instância, o crescimento das comunidades. Segundo Maria José da Cunha (2015), esses movimentos das duas frentes se confundem – ora se antagonizam, ora caminham a par:

> quando o plano missionário se cruza com o projeto civilizacional, estando em apoio à população portuguesa e às autoridades políticas, as ações convergem. Pois, quase sempre, a Companhia de Jesus aparece de modo ostensível irmanada com o plano secular do colonizador, mas quando, por razões várias, os colonos ou os governantes se encontram em posições contrárias, o atrito surge como adiante se verá em mais de uma ocasião. (Cunha, 2015, p. 133)

De toda forma, em tais aldeamentos fixaram residência não só os padres, mas também os indígenas, suplantando a dinâmica da *taba* e sua vida nômade em oposição à catequese. Em 1581, diz José de Anchieta que eram dez as aldeias, sendo duas sob a administração dos padres e as outras oito, quatro ao sul e quatro ao norte, separadas da vila, a igual distância de 72.000 passos. Por ocasião da visita do Pe. Cristóvão de Gouveia, que veio inspecionar o trabalho jesuíta nas aldeias e foi recebido por Anchieta com um teatro, só foram nomeadas oito aldeias. Os padres as visitavam tanto por terra como por mar, sendo impossível fazê-lo de outra forma por causa da sua localização nas embocaduras dos rios (Leite, 1938, p. 230).

Era prática dos padres da Companhia ir sertão adentro buscar indígenas a mais de cem léguas desses aldeamentos, quase sempre parentes dos já aldeados, dando-lhes estabilidade e uma nova organização social até então desconhecida (Carnielli, 2006, p. 62). O programa missionário idealizado pela Companhia visava fazer penetrar o cristianismo nos diversos ambientes culturais e sociais, dando atenção especial ao processo de evangelização dos povos naturais do Brasil e à educação de crianças e adolescentes, em especial os filhos dos morubixabas. Nessa fase, além dos temiminós da Baía de Guanabara e dos tupiniquins, registra Simão de Vasconcelos (1865) a existência de outros índios, chefiados por Pirá-Obig (peixe verde) (Vasconcelos, 1865, p. 204-205).

A Carta Ânua de 1576 fala da entrada de um padre da Companhia que desceu do sertão com mil índios e, ainda, em 1584, registra-se a chegada de outro grupo importante de índios, dos quais se ocupou o visitador Pe. Cristóvão de Gouveia (Leite, 1938, p. 232). Nessa incursão, respondia-se à petição de dois índios que vieram pedir que os jesuítas fossem a suas terras porque queriam ser cristãos. Como não foi possível enviar padres por causa dos limites territoriais entre portugueses e espanhóis, fizeram descer quatro ou cinco mil índios. Neste ofício de sertanista, destaca-se o Pe. Diogo Fernandes, primeiro brasileiro a receber as ordens sagradas e primeiro superior da Missão de Rerigtibá.

Para tal empreitada, o governador da capitania do Espírito Santo, Vasco Fernandes Coutinho Filho, não colocou impedimento, concedendo aos jesuítas três ou seis léguas de terra e o perdão pela morte de alguns brancos provocada por índios. Assinou a provisão sem antes ler, dizendo: "Tudo o que o padre visitador pusesse haver por bem, e que pedisse tudo quanto quisesse em favor dos índios, que ele o aprovaria logo" (Leite, 1938, p. 233). Com essa provisão, as portas da capitania do Espírito Santo ficavam abertas para a decida de índios, garantindo segurança à Vila e os benefícios da catequese nas aldeias de Conceição, São João, Guarapari, Reis Magos e Rerigtibá.

Dois fatos irão marcar decisivamente a atuação dos jesuítas no Espírito Santo, no início de 1555. Quem nos descreve o primeiro é o Pe. Luís da Grã, que, de passagem pela capitania e aguardando navio para São Vicente, relata: na quaresma de 14 de abril do mesmo ano, houve um ataque de índios tamoios nas imediações das terras ocupadas pelos portugueses na região de São Vicente, trazendo pavor, levando pessoas e aumentando a instabilidade na região. E, com consequências ainda maiores, a chegada dos índios temiminós à capitania do Espírito Santo (Cunha, 2014, p. 28).

A quebra do acordo de paz entre tamoios e portugueses foi o fato decisivo que facilitou a invasão francesa na costa do Brasil. Em situação dramática, entre outras coisas, os jesuítas irão intervir em favor dos índios temiminós, que se viam encurralados pelos tamoios, seus inimigos na região da Guanabara, impedidos de se refugiar em Piratininga por causa dos tupinambás e, no Norte de Macaé, por causa dos ferozes goitacazes. A pedido do Pe. Brás Lourenço e do Pe. Luís da Grã, a capitania do Espírito Santo se tornou uma *jabaquara* (palavra tupi que significa refúgio ou lugar seguro) para os temiminós trazidos da Baía de Guanabara, na região de Niterói, para essa capitania, em 1554 (Cunha, 2014, p. 29).

Os temiminós se acomodaram inicialmente na ilha de Vitória e, liderados pelo cacique Maracajá-Guaçu – pai do cacique e herói Arariboia – nas lutas contra os franceses, irão ajudar imensamente os jesuítas na fundação de aldeias nessa capitania. Também do Rio de Janeiro, os jesuítas trouxeram índios papanases para habitar na fazenda de açúcar de sua propriedade em Araçatiba, hoje município de Viana (Espírito Santo). Após a derrota dos franceses, muitos índios temiminós, liderados por seu cacique Arariboia, retornaram ao Rio de Janeiro e lá novamente se instalaram.

Ainda no Espírito Santo, a proximidade geográfica e as boas relações dos jesuítas com os maracajás favoreceram bastante o trabalho de inculturação da fé. Esse fato, aparentemente inofensivo e de caráter humanitário, tem consequência no projeto catequético jesuíta e afetará fortemente o desenvolvimento do trabalho missionário, pois, desafogando seus catequistas do desgaste pelo deslocamento, diferentes etnias passam a viver juntas sob a assistência dos missionários.

As aldeias do Espírito Santo estavam, em sua maioria, localizadas no litoral ou na foz dos grandes rios, compostas de grandes malocas que chegavam a comportar setenta pessoas de uma mesma família (Carnielli, 2006, p. 29). A criação dessas novas aldeias, mais distantes da interferência dos portugueses e onde se agrupava mais de uma nação, sem sujeição, dará à capitania do Espírito Santo um estatuto próprio. Inicialmente, a forma como a capitania incorporou o indígena ao projeto colonial oferece pretexto para os jesuítas desenvolverem um trabalho diferenciado nessa região, visando evitar sua escravização (Cardim, 1925, p. 349).

O grande idealizador das aldeias indígenas no Espírito Santo é o Pe. Brás Lourenço (1525-1605), que busca defender a liberdade dos indígenas e combater a prática dos pais de venderem os próprios filhos como escravos. Segundo ele, nesse contexto, as aldeias eram o melhor meio para sua defesa e catequização. Registra-se como principal dificuldade no trabalho missionário a distância das aldeias em relação à sede, impedindo um acompanhamento mais sistemático dos missionários e provocando a necessidade de fixar Missões, a exemplo de Rerigtibá (Anchieta, 1984, p. 69).

Desse trabalho inicial, registram-se grande reforma de vida e costumes entre os portugueses, a constituição de missionários e a incorporação de colaboradores de línguas locais, com o auxílio de órfãos da terra, para o trabalho com o gentio (Anchieta, 1984, p. 68). Ao longo do tempo, os inacianos irão agrupar toda a sua ação catequética em duas grandes aldeias de missão: Reis Magos e Rerigtibá. Essa mudança oferecerá oportunidade para repensar o trabalho missionário e reelaborar sua organização interna.

À medida que o tempo foi passando e mediante as novas necessidades, o sistema da catequese também variou. Conforme Cardim (1925), em 1583, a doutrina da tarde era reservada aos que já haviam sido admitidos nos sacramentos (horário reservado aos adultos). Em todas as aldeias, grandes e pequenos ouviam missa muito cedo, ensinavam-lhes as orações em português e em sua língua, e à tarde eram instruídos no *Diálogo da fé* (Leite, 1938, p. 32). Das aldeias fundadas pelos jesuítas ao redor da cidade de

Salvador, com a expulsão da ordem, nenhuma sobreviveu. Apenas sobreviveram, transformadas em vila por mandado régio, as Missões do Espírito Santo e as do Rio de Janeiro (1758).

Com base nos estudos de Maria José da Cunha (2015), as aldeias jesuíticas possuíam dupla classificação, sendo tanto aldeias de missão – aquelas que possuem residência fixa, tendo até quatro jesuítas, a exemplo das Missões de Reis Magos e Rerigtibá –, como aldeias de visita – aquelas onde os missionários exercem seu trabalho em passo ou pela força da inconstância dos índios. Assim também atesta Simão de Vasconcelos, ao classificar duas sortes de Missões:

> Uma se faz correndo as aldeias dos índios já batizados ou catecúmenos, reduzidos a elas e doutrinados aí pelos padres. Outra se faz em caminhando ao interior das brenhas cem, duzentos e mais léguas, trazendo delas bandos de bárbaros, para torná-los exército de Cristo. Uma e outra sorte de missões é cheia de trabalhos; porém maiores os daqueles que penetram as matas, é uma cruz seca cheia de perigos, fomes, sedes, cansaço, ingratidões, sem outo alívio que o de bom obreiro [sic]. (Vasconcelos, 1943, p. 169-170)

Essa novidade que chamamos de Missão articula um conjunto de aldeias, com casas de apoio em pontos estratégicos, um núcleo central com igreja e residência, e uma comunidade religiosa de até quatro jesuítas estáveis. Graças à figura ilustre que foi José de Anchieta, conservam-se hoje mais informações da experiência de Rerigtibá. A experiência missionária de José de Anchieta será tão determinante que, ao retomar o programa idealizado por Pe. Nóbrega, criará um instituto regulador para as missões.

José de Anchieta reconhecia ser a Missão de Rerigtibá a oficina mais própria da conversão dos índios no Brasil, cujo respeito vale ao mundo, a nações, a parentes e aos colégios da Europa (Vasconcelos, 1943, p. 135). De fato, primeiramente, tal reconhecimento se deve à importância de seu fundador e idealizador e, em segundo lugar, ao seu método catequético fundado no teatro. Certamente, como afirma Armando Cardoso no *Auto da Assunção* (1590), não se duvida que nessa Missão a Companhia tivesse chegado a dar os Exercícios Espirituais aos índios. Na aldeia de São Vicente, dava-se gramática a quatro ou cinco pessoas da Companhia e lições de casos a todos, isto é, a padres e irmãos, bem como outros exercícios espirituais (Nóbrega, 1988, p. 152).

  Outro ponto que dava importância a essa Missão era sua posição geográfica, que favorecia tanto a defesa da capitania como seu isolamento estratégico. Não por acaso, a rota de Anchieta entre a Missão e a capital se dava pela costa, isto é, a pé pelas praias ou por mar. José de Anchieta fará da Missão de Rerigtibá seu palco catequético, onde encontrará seus arquétipos e ambiente mais propício para seu sistema catequético a partir do teatro. Todas essas aldeias, com suas casas de apoio e igrejas, compõem a Missão de Rerigtibá (quadro a seguir):

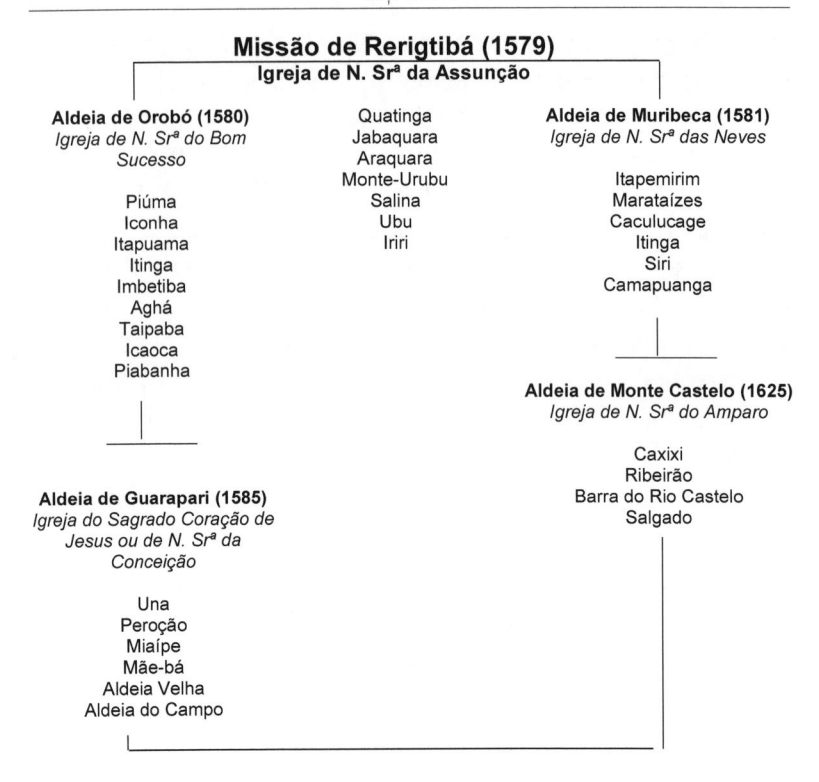

Missão de Rerigtibá (1579)
Igreja de N. Srª da Assunção

Aldeia de Orobó (1580) *Igreja de N. Srª do Bom Sucesso*	Quatinga Jabaquara Araquara Monte-Urubu	Aldeia de Muribeca (1581) *Igreja de N. Srª das Neves*
Piúma Iconha Itapuama Itinga Imbetiba Aghá Taipaba Icaoca Piabanha	Salina Ubu Iriri	Itapemirim Marataízes Caculucage Itinga Siri Camapuanga

Aldeia de Monte Castelo (1625)
Igreja de N. Srª do Amparo

Caxixi
Ribeirão
Barra do Rio Castelo
Salgado

Aldeia de Guarapari (1585)
Igreja do Sagrado Coração de Jesus ou de N. Srª da Conceição

Una
Peroção
Miaípe
Mãe-bá
Aldeia Velha
Aldeia do Campo

Esta lista foi retirada das pesquisas da Drª Maria José da Cunha (2015) a partir da composição do *Diário de Visita Pastoral* de D. João Batista Nery e do *Livro de Tombo* da Paróquia de Nossa Senhora do Amparo de Itapemirim (ES).

1.4 A Missão de Rerigtibá: a retomada do trabalho missionário

A Missão de Rerigtibá, fundada pelo Pe. José de Anchieta no início de seu provincialato (1579), constituiu um novo começo no trabalho da Companhia de Jesus junto ao gentio, em face das dificuldades externas e internas tanto com o gentio quanto com a Coroa Portuguesa. Essa fragilidade ganhará forma mais expressiva nas palavras do Pe. Aquaviva, geral da Companhia de Jesus, quando, no auge da crise do projeto missionário, chama a missão brasileira entre os gentios de "vinha estéril" (Castelnau-L'estoile, 2006).

Já consciente das dificuldades que se abateriam sobre a missão brasileira, o Pe. Manuel da Nóbrega, como maior incentivador do trabalho indigenista da Companhia, antes de morrer, sistematizou detalhadamente seu programa missionário na obra *O diálogo da conversão do gentio* (1556-1557). Mesmo adotando um estilo rebuscado, isto é, um diálogo socrático, coloca as pistas para o trabalho missionário, visando sensibilizar o corpo apostólico da Companhia.

Depois de Pe. Manuel da Nóbrega, o Pe. Luís da Grã será o segundo Provincial do Brasil (1559-1570). A morte de Inácio de Azevedo (1570), nomeado para suceder o Pe. Luís da Grã, foi um golpe grande para toda a Companhia, uma vez que ele vinha com reforços da Europa para fortalecer a missão indigenista. Pe. Azevedo sofreu seu martírio nas águas atlânticas junto a mais 39 jesuítas, pelas mãos dos piratas *huguenotes*.

Com o final do mandato do Pe. Luís da Grã em 1570, sucedeu-lhe no cargo, por curto espaço de tempo, o Pe. Antônio Pinto, até a chegada do Pe. Inácio de Tolosa, em 1572, que exercerá seu provincialato até 1578, período em que se amargará o arrefecimento do labor missionário na província. Será então José de Anchieta (provincial de 1578 a 1585)[8] quem relançará as bases e retomará o programa já delineado por Pe. Manuel da Nóbrega. A proximidade espiritual entre ambos o capacitou a olhar, sem duvidar, na direção que seu pai espiritual apontava. Se dermos atenção

---

[8] Datação a partir de Simão de Vasconcelos, 1943, p. 91.

ao *Diálogo do gentio* (como nominaremos, a partir deste ponto, a obra do Pe. Nóbrega), perceberemos que suas personagens discutem as chances para a conversão a partir da capitania do Espírito Santo. Ao se tornar provincial, seu amor aos índios, sua amizade espiritual com o Pe. Nóbrega e as chances que encontrava nessa capitania motivaram Anchieta a incutir no coração de seus súditos maior zelo apostólico.

Segundo o *Diálogo do gentio* (1556-1557), a liberdade que a selva oferecia ao gentio não se compaginava com o programa missionário desejado pela Companhia, sendo necessário dar-lhe outra criação que pudesse sujeitá-lo à lei comum, com a definição de seis itens indispensáveis (Nóbrega, 1988, p. 229):

1. Defender-lhes de comer carne humana e de guerrear sem licença do governador;

2. Faze-lhes ter uma só mulher;

3. Vestirem-se, ao menos depois de cristãos, pois há muito algodão disponível;

4. Tirar-lhes os feiticeiros;

5. Mantê-los em justiça entre si e para com os cristãos;

6. Fazê-los viver quietos, sem se mudarem para outra parte se não for para entre os cristãos, tendo terras repartidas e com padres da Companhia para os doutrinar. E José de Anchieta assume para si esses valores.

Na Bahia, ao tomar posse o quarto governador-geral, Lourenço da Veiga, junto ao seu ouvidor-geral, Cosme Rangel, em 1º de janeiro de 1578, um dos primeiros atos foi averiguar as atividades missionárias dos jesuítas, pois vinham de Portugal prevenidos contra elas (Viotti, 1980,

p. 191). Superadas tais tensões e obtendo o juramento do governador-geral, José de Anchieta conseguirá licença para fundir e fundar novas aldeias, começando pelo Espírito Santo: Rerigtibá (1579), Reis Magos e Guarapari (1585). No Rio de Janeiro, coloca missionários estáveis na aldeia de São Lourenço – Niterói (1573) e funda a de São Bernardo – Macacu (1584). Em São Paulo, organizou as aldeias de Barueri, Pinheiros e Guarulhos entre 1585 e 1587 (Cardoso, 2014, p. 262).

O registro mais antigo que temos é uma cópia do antigo livro de tombo da Missão, feito pelo Pe. Manuel Pires Martins, 18° pároco da Paróquia de Nossa Senhora da Assunção de Benavente, subscrito no *Livro de Tombo da Paróquia de Nossa Senhora do Amparo de Itapemirim* (1880). Nessa memória, afirma-se que o Pe. José de Anchieta implantará seu belíssimo sistema catequético. Será que o autor está fazendo referência ao método do teatro catequético?

> Anchieta tendo captado a amizade dos bugres de Reritigba, foi ao encontro dos poucos companheiros, que havia trazido e que deixára atraz descansando à sombras dos gurirys; trouxe-os para a taba e com elles à noite entoou a Salve-Rainha e outros canticos religiosos; os bugres estavão attonitos e conservavão-se à distancia, porem suspeitosos. No dia seguinte, 15 de agosto de 1579, dia de Nossa Senhora da Assumpção, houve Missa, à qual assistirão os bugres, imitando em todos os movimentos os companheiros de Anchieta. A semente do christianismo estava lançada e para que germinasse, Anchieta estabeleceo desde logo no seo bello systema de cathequisação e começou a construir a Egreja, que dedicou àquella Senhóra *[sic]*. (Martins, 1880, p. 3)

Essa preocupação será uma constante na relação de força que se estabelecerá entre o gentio, a luta por sua liberdade e os portugueses. Nesses aldeamentos fixaram residência não só os padres, mas também os indígenas. De

Capítulo 1

acordo com a correspondência da Companhia, há um fato inusitado que registra a mudança do nome da Missão de Rerigtibá, por ocasião da vinda do visitador Cristóvão de Gouveia. Segundo os catálogos da Companhia, desaparece o nome Rerigtibá, aparecendo em seu lugar a aldeia de São Cristóvão. Dez anos depois, sob a responsabilidade do mesmo superior, Pe. Diogo Fernandes, o nome da Missão de Nossa Senhora da Assunção – Rerigtibá voltou a aparecer (Viotti, 1980, p. 215).

> Nos catálogos, a primeira vez que se nos deparam Aldeias com residência fixa de Padres é em 1586. Fala-se apenas de duas: Nossa Senhora da Conceição e São João. Três anos depois, em 1589, dá-se conta de uma terceira com o nome de São Cristóvão, e de que era Superior o Pe. Diogo Fernandes. Nunca mais se fala de semelhante Aldeia, nesta Capitania. Achamos, porém, em 1598, uma nova Aldeia de Nossa Senhora da Assunção, que tem como Superior o mesmo Padre Fernandes. Mas sucede que Nossa Senhora da Assunção é Rerigtibá. (Leite, 1938, p. 229-230)

A influência moral que José de Anchieta detinha sobre as residências do Espírito Santo era imensa, pois, ao optar por residir na Missão de Rerigtibá, desloca o centro de importância da capitania para a periferia. Sua influência política se fazia sentir nas recepções teatrais que preparava, assim como na recepção do visitador Pe. Cristóvão de Gouveia, e o aparecimento de uma aldeia com seu nome por ocasião de sua visita fazendo eco ao caráter político de suas peças teatrais. Como veremos, sua dramaturgia exerce caráter catequético, educativo e político, prestando-se à formação, à evangelização e à propaganda do trabalho missionário.

Enquanto esteve na função de provincial, desde a primeira hora, manteve-se ligado diretamente à construção, consolidação e expansão da Missão de Rerigtibá. A forma como se concebe o trabalho missionário nessa capitania com a chegada dos temiminós é o fato, entre outros, a partir do itinerário delimitado por Pe. Manuel da Nóbrega, que justifica o bom êxito da missão da Companhia de Jesus. Em ambiente tão favorável, distante da sede da Capitania e dos conflitos políticos, com residência fixa entre as aldeias, com clara organização interna incorporando a autoridade local dos índios, longe do mau exemplo dos portugueses, pôde a Missão de Rerigtibá chegar ao teatro.

Fora da Missão de Rerigtibá, Anchieta escreveu ainda o *Auto da pregação universal*, o *Diálogo do P. Pero Dias Mártir* (encenado, possivelmente, em Salvador ou em São Vicente, em 15 de junho de 1575 ou 1592), o *Excerto do auto de São Sebastião* (apresentado no Rio de Janeiro em 1584, por ocasião da visita do Pe. Cristóvão de Gouveia) e o *Auto da festa de São Lourenço* (apresentado na aldeia de São Lourenço, hoje cidade de Niterói, Rio de Janeiro, em 10 de agosto de 1587). Salvo a *Pregação universal* e o *Auto de São Lourenço*, que são autos catequéticos, o *Excerto do auto de São Sebastião*, que fora elaborado para um recebimento, inscreve-se como propaganda em defesa do trabalho missionário.

Na Missão de Rerigtibá, registram-se oito autos escritos para várias situações, a saber: o *Auto de Guarapari*, encenado na aldeia com o mesmo nome em 8 de dezembro de 1585; o *Recebimento do P. Marçal Beliarte*, apresentado na aldeia de Guarapari em 1589; o *Auto da Assunção*, encenado na Missão de Rerigtibá por ocasião da entronização do seu orago, em 15 de agosto de 1590; e o *Recebimento do P. Bartolomeu Simões Pereira*, registrado numa aldeia indígena ignorada, certamente na sede da Missão em Rerigtibá, em 1591 ou 1592.

Há ainda o *Recebimento do P. Marcos da Costa*, encenado na Vila de Vitória (ES), em 1596; o *Auto de Santa Úrsula*, por ocasião da conclusão das obras da igreja de

Capítulo 1

São Tiago na Vila de Vitória ou pela aquisição de relíquias da santa, em 1585 ou 1595; o *Auto de São Maurício*, apresentado na Vila de Vitória, em 22 de setembro de 1595; e o *Auto da visitação de Santa Isabel*, apresentado para a inauguração da Santa Casa de Misericórdia em Vila Velha (ES), em 2 de julho de 1597, ano de sua morte.

Em certa medida, na Missão de Rerigtibá, José de Anchieta inaugura uma nova fase de seu trabalho missionário, em que vislumbrava algo novo a fim de responder aos entraves já encontrados. "Fez residência em uma das aldeias, chamada de Reritiba, e será essa o teatro das excelências últimas de sua vida e mausoléu derradeiro de sua morte" (Vasconcelos, 1943, p. 95-96). Longe de se aposentar, mesmo sendo justo ao considerar seus preciosos serviços à evangelização do Brasil, José de Anchieta vai novamente à frente de batalha, isto é, à sua querida "Rerigtibá, meu recanto, meu país" ("*Retitýba xe retáma*" é a frase que diz o índio de Rerigtibá no *Auto da Assunção*). Ele decide, espontaneamente, agregar-se a esse grupo no intuito de trabalhar pela conversão do gentio (Vasconcelos, 1943, p. 96-97). Como nos diz Viotti (1980), assim escreve José de Anchieta em 6 de dezembro de 1595 ao Pe. Inácio de Tolosa:

> E ordenou Nossa Senhora que eu acompanhasse ao Pe. Diogo Fernandes nesta Aldeia de Reritiba, para ajudar na doutrina dos índios, com os quais me dou melhor do que com os Portugueses. E já poderá ser queira a divina Sapiência que acompanhe ao mesmo padre em alguma entrada ao sertão a trazer alguns deles ao grêmio da Igreja. E pois não mereça por outra via ser mártir, ao menos me ache a morte desamparado em algumas destas montanhas [sic]. (Viotti, 1980, p. 31)

Suas peças dramáticas exercem caráter catequético, educativo e político, prestando-se, ao mesmo tempo, à formação, à evangelização e à propaganda do trabalho missionário. O *Auto da Assunção* (1590), objeto de nossa pesquisa, possui em si projeto e esquema distintos do conjunto do teatro anchietano, por sua proximidade com o esquema interno usado no catecismo (Viotti, 1980, p. 230). Sua novidade está naquilo que melhor o define em suas pretensões catequéticas. Diante do que já foi dito, será em Rerigtibá que José de Anchieta encontrará ambiente próprio e a relevância de seus arquétipos – a Virgem Maria e o indígena – para fazer teatro.

Nesse retorno a suas origens, encontrará oportunidade para revisitar sua experiência de juventude, dedicando-se novamente ao teatro. Em certa medida, será na Missão de Rerigtibá que o nosso autor encontrará os elementos inspiradores e seus arquétipos para exercer sua dramaturgia catequética. Nesse contexto é que nasce o *Auto da Assunção* (1590), sendo, acima de tudo, um instrumento catequético, fruto do itinerário maduro de sua vivência da fé em diálogo com o gentio.

1.5 As raízes profundas da devoção marial de José de Anchieta

A conquista das sete ilhas chamadas Canárias pelos espanhóis foi marcada pela longa resistência dos nativos *guanches*, que se estendeu de 1392 a 1469. Não se sabe com certeza a origem dos *guanches*. Alguns diziam que descendiam de certos povos do norte da África que se levantaram contra os romanos. Outros, que essas ilhas eram unidas com a África, como é a Sicília com a Itália e, com o tempo, tempestades e dilúvios, se dividiram e apartaram (Espinosa, 1592, p. 33). Quem nos dá registro dessa conquista é o frei Alonso de Espinosa, com a obra *Historia de Nuestra Señora de Candelaria* (1952). Tais conflitos se deram, em sua maioria, na maior e mais rica, abundante e fértil dessas ilhas, isto é, na ilha de Tenerife, berço, nascedouro e pátria de São José de Anchieta (Cardoso, 2014, p. 29).

Conforme o relato dos nativos, dois naturais da ilha iam pela costa conduzindo seus rebanhos e, ao verem que o gado se recusava a passar adiante, avistaram sobre uma pedra, próximo a uma caverna, uma imagem de mulher que trazia um menino nos braços. Ao se depararem com a mulher, não lhe falaram – como era de costume – e, apartando-se dela, tentaram encontrar outra passagem. Como a mulher não manifestava movimento, expressões, nem tinha palavra alguma (imagem da Virgem), um pastor, pegando uma pedra como arma, tentou arremessá-la contra ela, mas não obteve êxito, ficando com a mão paralisada. O mesmo se passou com o outro pastor, que sacou uma adaga e, ao tentar esfaquear a imagem da mulher, sofreu ele o golpe que desprendeu contra ela. Assustados, decidem ir à aldeia para informar o rei Güímar do ocorrido e encaminhar providências contra a mulher, pois estavam convencidos que aquela imagem era uma pessoa (Espinosa, 1952, p. 51-52).

Ao ouvir o relato, o rei, surpreso, convocou o *Tagoror* (Conselho) para deliberar e, com seus conselheiros e vassalos, partiu para o lugar indicado. O rei, avisado por seus vassalos da força da senhora, decidiu não tentar nada contra a mulher. Para ele, aquela mulher (imagem) que era muda devia ser algo sobrenatural por ter devolvido a saúde de seus vassalos que ela feriu (Espinosa, 1952, p.54-55). A imagem foi levada para a *Cueva de Chinguaro*, isto é, a casa do rei Güímar, e, durante aproximadamente 40 anos, não se soube nada sobre essa senhora.

No ano de 1520, ao passar por aquelas partes um estrangeiro chamado Antón, tocou a ele descobrir o tesouro que Deus havia escondido entre os *guanches*. Como era viajado e falava a língua dos naturais, o rei Güímar lhe pediu que falasse algo sobre essa mulher que ele tinha em sua casa (imagem). Ao ver a imagem da senhora, colocou-se imediatamente de joelhos e pediu que todos fizessem o mesmo. E, depois de pôr-se de pé, começou a contar o bem que eles possuíam:

> O tesouro que eles tinham, a felicidade que alcançavam, a honra que eles colheram em ter uma advogada, uma convidada, uma companheira, tal protetora, tal dama em sua terra; porque esta é (dizendo no seu próprio idioma): "Achmayex, guayaxerax, achoron, achaman", a mãe do curador do céu e terra e, portanto, é rainha de um e de outro; aqui é onde os cristãos têm colocado sua esperança, e por isso essa promessa vocês têm em sua terra, sabem como guardá-lo, sabem como servi-lo e, por favor, para que através dos seus meios e intercessão vocês cheguem ao verdadeiro conhecimento de Deus, que é o "Guayaxerax" que vocês confessam; portanto, seja grato por esse benefício, porque como ingrato Deus não tira *[sic]*. (Espinosa, 1952, p. 62)

Espalhou-se entre as ilhas a notícia de que a mulher que estava hospedada na casa do rei Güímar era a "mãe do sustentador do mundo, aquela que confessavam e temiam por Deus". Por causa dessa notícia, acorre de toda parte grande número de gente para fazer festa, danças e bailes em honra da Mãe de Deus. Nessas comemorações, juntaram-se os reis de Taoro e de Güímar, que se colocaram a serviço dessa senhora. Na caverna onde foi encontrada, na costa do mar de San Blas, foi construído um altar à Virgem Morena para que os fiéis pudessem conhecê-la e venerá-la (Espinosa, 1952, p. 63-64).

A conquista das ilhas pelos espanhóis foi protagonizada por Alonso Fernández de Lugo, capitão a serviço de Castela. Com quinze bergantins repletos de soldados, aportou em 1494 na praia de Añaza, junto à atual Santa Cruz de Tenerife. Diante de forte resistência dos *guanches*, o capitão espanhol não desistiu da empreitada, arregimentando novo esquadrão na Grã-Canária, já conquistada por Pero Vara. Os nativos não foram capazes de resistir à ocupação com suas armas, que consistiam em lanças de paus agudos e pedras (Cardoso, 2014, p. 30).

Dizimados pela superioridade das armas da Espanha, foram forçados a ocupar terras mais altas e menos férteis, deixando o litoral livre para os conquistadores. As epidemias tiveram fator decisivo e, em razão do isolamento das ilhas e da baixa imunidade dos nativos, foi grande a mortandade. Sendo impossível resistir, alguns cometeram suicídio ritual como única alternativa. As populações que iam sendo submetidas eram batizadas e assimiladas à força, não podendo impedir a rápida miscigenação e o desaparecimento de sua cultura (Espinosa, 1952, p .69).

Os espanhóis, ao descobrirem a imagem da Virgem das Canárias, imediatamente acharam um absurdo que infiéis tivessem em seu poder tão preciosa relíquia. Como a caverna de San Blas era pequena para fazer construções, decidiram dar a imagem aos frades da ordem de São Domingos para colocá-la na sua igreja em La Laguna, cidade de San Cristóbal (Tenerife), em 1668. Atualmente, celebra-se a festa da Virgem da Candelária em duas datas anuais: uma, dos espanhóis, em 2 de fevereiro (festa da Apresentação do Senhor) e outra, mais popular, em 15 de agosto (festa memorável dos *guanches*, vinculada às colheitas – Festa da Assunção de Maria).

As Ilhas Canárias passaram historicamente por muitas mãos, como um verdadeiro "porto de nações". Da mesma forma, como terra recortada, as memórias de José de Anchieta foram marcadas pela crueza da colonização que ainda lateja viva junto às raízes de sua devoção. Na condição de filho das ilhas, certamente falava várias línguas, inclusive o *guanche*, para se entender com os habitantes de sua terra escravizada; e como eles, tinha por mãe a Virgem das Canárias (Cardoso, 2014, p.39). Por isso, acreditamos que sua identificação com os nativos do Brasil, sua proximidade afetiva e efetiva, tudo isso encontra eco nas raízes profundas de sua devoção marial.

As definições iconográficas da Virgem de Rerigtibá, reveladas no *Auto da Assunção* (1590), superam e muito a nomeação dada por seus pesquisadores para o espetáculo. É o próprio texto do espetáculo que nos apresenta uma Maria tão comprometida com seus públicos no estilo, na devoção e em sua cor, que é temerário pensar que essa imagem corresponda ao título dado ao espetáculo. De fato, José de Anchieta não estava interessado em apresentar a tradição medieval sobre a Assunção de Maria, mas, tomando essa festa votiva como pretexto, constrói uma catequese integrada que visa atingir a Missão e seus públicos. Em certa medida, ao dizer *Rerigtibá, meu país*, o personagem dá voz ao próprio autor, Anchieta, declarando-se filho legítimo da terra, permitindo-nos dizer que nessa aldeia está sua Virgem de devoção a Virgem de Candelária. Por isso, como seus compatrícios canários, prepara festa e dança na sua recepção em Rerigtibá.

De acordo com a tradição oral, José de Anchieta colocou em Rerigtibá uma imagem de sua devoção. Sobre essa imagem há muitos relatos, pois, como era certo, ela o acompanhava em seu barco nas viagens que fazia enquanto provincial. É certo afirmar que a proximidade afetiva com a Missão de Rerigtibá encontra nessa imagem da Virgem seu motivo, pois, conforme escreve em sua última peça *Auto da Visitação* (1579), o autor confessa aguardar na hora última de sua vida a visita de Maria (Anchieta, 1977, p. 360-361).

Iniciamos o nosso próximo capítulo adentrando propriamente no espetáculo ao ressaltar o caráter híbrido de sua apresentação. Tal realidade evoca a transculturalidade de sua obra teatral quando evidencia a composição de suas alegorias, a disposição dos atos e a força de sua personagem. Nossa análise visa revelar como a "Maria de Anchieta" é apresentada dentro do espetáculo e como ela é recebida no festim.

Entre dois mundos: o *Auto da Assunção*, suas alegorias e arquétipos

Capítulo 2

Entre dois mundos: o *Auto da Assunção*, suas alegorias e arquétipos

Neste capítulo, vamos dar atenção aos elementos presentes nas cinco partes que compõem o *Auto da Assunção* (1590), à sua aplicação e interação cênica e à transição de suas alegorias, evidenciando alguns elementos híbridos construídos a partir da fusão entre as tradições indígenas e cristãs na catequese anchietana. Interessa-nos ressaltar a figura de Maria e a maneira como ela é apresentada aos indígenas, sendo filha da aldeia, mãe, esposa, senhora e rainha. Neste intento, a partir do conceito de hibridismo cultural, analisamos os elementos que compõem o espetáculo. Primeiro, contextualizando sua novidade, definindo suas personagens e espaço cênico, e, segundo, analisando suas partes, dando relevo ao papel que a Virgem ocupará tanto para a aldeia como para a catequese e a vida social como um todo.

2.1 Transculturalidade na catequese teatral anchietana

Quando os portugueses chegaram à costa do Brasil, eles traziam consigo uma grande quantidade novidades. De fato, o que houve ali foi uma mútua descoberta, pois também para o índio se descortinava um *novo mundo*, no dizer do sociólogo cubano Fernando Ortiz, em seu livro *Cuntrapunteo cubano del tabaco y el azúcar*, de 1940. Como afirma Flávio Aguiar (1998), nas naus vinham a lei, o rei, a espada, a pólvora, o dinheiro, o gado de corte e o leiteiro. Vinham construções estranhas como a casa grande e a senzala, a igreja, a câmara, a rua, a praça e o cárcere, além de inúmeras fortificações.

Vieram também o bordel, a bodega, o engenho e muitos outros novos elementos. Junto a tudo isso, desembarcaram o céu, o inferno, o purgatório, anjos e demônios. Em certa medida, iniciou-se um processo talvez jamais visto de "transculturação", marcado pela força das armas, pelo sangue, suor e lágrimas, gerando um combate desigual, que comporta transformações em ambos os polos (Aguiar, 1998, p. 29).

Quando as culturas entram em choque, logo se definem seus limites, isto é, o papel do conquistador e do conquistado, colocando tudo sobre novo prisma. Tal processo arrancou o índio do seu estado de natureza, constituindo uma saída do mundo das coisas ilusórias, sonhos, desejos e esperanças, isto é, mergulhando-o em outra realidade a partir do batismo cristão.

O processo iniciado implicava trocas e rejeições seletivas, progredindo sob o símbolo da transição. Tal complexidade não esconde seus pontos de fuga, pois a própria negação comporta um princípio de inclusão que minimiza os efeitos abruptos do processo de colonização, embora se ponha a propagar aspectos desse mesmo discurso de sujeição. De fato, o que ocorreu nos primeiros séculos da colonização, apesar da "dizimação" das sociedades indígenas, foi um processo de "transculturação" (Fernandes, 2016, p. 34).

O teatro anchietano, ainda que se disponha a propagar os conceitos cristãos através da força de suas alegorias, constitui-se como mais um ponto de fuga, oportunizando uma nova expressão e reelaboração estética, poética, sintética e ética.

> Deve-se considerar que essa transição só foi possível pela assimilação completa da língua indígena, em sua estrutura subjacente (Gramática) e profunda (Semântica), bem como toda a ideologia nela embutida. A leitura de seus Autos bastar-nos-ia para comprovarmos que Anchieta exerceu a didática moral, a partir do conhecimento desse novo universo linguístico, respeitando e observando nos indígenas os seus modos, a propensão e facilidade [...] Esses hábitos ancestrais não foram desprezados por ele, pelo contrário, serviram de apoio à sua evangelização, base da pirâmide que tão bem ilustro o seu catecismo e as verdades da fé cristã. (Cortez, 2000, p. 342)

Como afirma Clarice Cortez (2000), embora haja antropólogos como Darcy Ribeiro, que questionam a ação missionária da Companhia junto aos indígenas brasileiros, desde os primórdios aos dias atuais, classificando-a como violadora e impositora – defendendo a liberdade da religião e uma consequente liberdade de consciência que conduza a capacidade de escolha da própria fé –, outros estudiosos, como o sociólogo Gilberto Freyre, têm opinião distinta ao reconhecerem o trabalho jesuítico junto à educação e politização dos nossos autóctones (Cortez, 2000, p. 349).

Nesse jogo tenso entre tradição, absorção, sujeição, deslocamento, troca e redefinição, tiveram papel central tanto as promessas de paraíso quanto a companhia dos santos e santas, e as ameaças infernais. As novas terras entraram nesse novo "teatro do mundo" que assim se construía pelas pontas: visão edênica do paraíso perdido ou testemunho bravio dos poderes infernais (Aguiar, 1998, p. 30). O teatro nasce, nesse contexto, como arma de convencimento dentro do projeto catequético jesuíta, oferecendo um contorno mais lúdico para esse confronto.

Alguns pesquisadores da história do teatro nacional compreendem que o contributo anchietano na dramaturgia não passa de um "pré-teatro", devido a seu caráter catequético. Contudo, segundo Anna Kalewska (2007), mesmo havendo inúmeros pontos de contato, o "pré-teatro" de Anchieta deveria ser reconhecido como um teatro que não queria ser luso-brasileiro. Em certa medida, tal preconceito se funda na dificuldade que temos em admitir que o teatro anchietano seja verdadeiro teatro por ser portador de uma visão teológica da realidade.

Nessa crítica, o teatro anchietano é largamente reconhecido como algo menor, isto é, "teatro como catequese, teatro de catequese ou função catequista do seu teatro" (Kalewska, 2007, p. 178). Essa redução não esconde seu caráter ideologizador, pois, para que se compreenda seu real significado, é necessário abandonar o conceito e a noção de verossimilhança ao esquema europeu. De fato, o que José de Anchieta se propõe a fazer é pensar o discurso da fé de forma convincente e real, oferecendo ao índio os elementos que o capacitem a interpretar por si mesmo os conteúdos da fé a partir de sua própria vivência.

2.2 Estrutura do teatro anchietano

Na época de Anchieta, os jesuítas contavam com dois públicos (colonos e indígenas) e três classes (a das aldeias da selva, a das vilas e a dos colégios). Para cada uma delas, ele criou modelos numa ou em várias línguas. O teatro, tanto o popular como o escolar, sempre foi para os jesuítas um instrumento de educação integral, tendo como elemento comum nem tanto a letra, mas, sim, a música. Nessa experiência, encontramos indícios das origens de nossa música dramática ou extremamente vinculada à dança. Não é por acaso que, no Brasil, a música dá nome à dança, ou melhor, é porque se dança que se canta e toca.

No âmbito formal, o teatro anchietano possui todos os elementos cênicos, coreográficos, musicais, artísticos e narrativos exigidos no teatro formal, não diferente do modelo renascentista, que mantém arcabouço cristão com conceitos desenhados ou adaptados de uma visão teocêntrica. Uma das características dessa marca teocêntrica do teatro anchietano é a noção e medida própria de tempo. No teatro anchietano, o tempo real de suas personagens é o que vai do Gênesis ao Apocalipse, isto é, o tempo da criação do mundo, da perda da graça, do sacrifício do Filho, da remissão dos pecados, da salvação da alma e do juízo final.

Nesse contexto, o teatro anchietano conecta suas personagens a todo um plano existencial distinto, incluindo diversos elementos que se dão todos por todo o tempo e o tempo todo, isto é, como desdobramento terreno da Providência Divina na história. O drama propriamente dito desses autos está em como situar o novo céu e a nova terra e seus costumes, separando o joio e o trigo, o pecado e a graça (Aguiar, 1998, p. 32).

O objetivo do teatro do missionário Anchieta era tão didático como aquele realizado no Colégio das Artes em Coimbra, porém menos escolástico, pois visava intervir em costumes. Mesmo elaborado para várias finalidades, presta-se como autos catequéticos, educativos e políticos. A existência de uma demonologia – termo usado pelos pesquisadores do teatro anchietano no tocante aos demônios em sua dramaturgia – em seus autos apenas enriquece seu imaginário, incluindo um componente lúdico.

De fato, o Brasil dispunha de tradição oral e da riquíssima cultura indígena para servir de apoio a tais realizações, adotando o espetáculo ao ar livre, a partir dos ritos indígenas e em diálogo com a solene tradição do teatro jesuítico. Os resquícios desses ritos indígenas encontram lugar no teatro anchietano, não sendo menos importantes para o primeiro teatro do que a dramatização da liturgia cristã (Kalewska, 2007, p. 178).

Em linha geral, partindo das pesquisas de Flávio Aguiar (1998, p. 33-34), com variações, os autos anchietanos seguem esta estrutura:

1. Abre o auto uma apresentação do tema central, com exibição de uma relíquia ou quadro que evoque as virtudes do santo homenageado. Em geral, é momento de exaltação que aponta para uma superação ou desafio;

2. Num segundo momento, apresentam-se os demônios que desafiam o(s) santo(s) ou anjo. Aqui se introduz o tema dos costumes, tanto de índios como de portugueses, que se desejam corrigir: fumar, beber, fornicar, brigar, blasfemar etc. O esquema prevê que os demônios sejam derrotados pelo(s) santo(s) ou anjo protetor das aldeias;

3. Segue-se um desdobramento do segundo ato, que equivale a uma peripécia: pecadores são libertos e salvos (*Pregação Universal*) ou os demônios, encurralados pela Providência Divina que pune os maus (*Auto de São Lourenço*). Em outro caso, uma alma é perseguida por um demônio e liberta por um anjo (*Auto de Guarapari*). No Recebimento do Pe. Marçal Beliarte (1589), o demônio Macaxeira volta ao palco para ter sua cabeça quebrada por um índio etc.;

4. Em seguida, na forma de diálogos, faz-se uma exaltação da fé, incluindo hinos recitados ou cantados, seguidos de pregação por uma personagem alegórica;

5. O último ato é chamado de apoteose, pois revela o destino final ou meta do espetáculo, isto é, a salvação ou a glória universal. Inclui a bênção da autoridade eclesiástica visitante, novas danças,

beija-mão (*Recebimento do P. Marçal Beliarte*) e beijo da imagem (*Auto da Assunção*).

2.3 O *Auto da Assunção*: quando levaram uma imagem a Rerigtibá

O *Auto da Assunção* (1590) é um espetáculo de composição modesta, com 202 versos. Encontrava-se no conjunto de textos descobertos pelo Pe. José da Frota Gentil SJ, no *Archivum Romanum Societatis Jesu* [ARSI], em Roma, no ano de 1930, um caderno composto por 208 páginas, de autoria de José de Anchieta e sob o códice do ARSI – *Opp. NN. 24* (Anchieta, 1954, p. XVII). Esses textos totalizam 10.445 versos, assim descriminados: 4.399 em espanhol (42,2%), 3.452 em tupi (33%), 2.198 em português (20,98%) e 398 em latim (3,82%). Já no gênero dramático, há aproximadamente 5.744 versos – correspondendo a 55% do ARSI e perto de 26% de sua produção literária global – e aproximadamente 42,5% deles, ou seja, 2.438, são em tupi; 39,1% (2.249 versos) são em espanhol e 18,4% (1.057 versos), em português.

Os manuscritos foram publicados pela primeira vez – com comentários, traduções e notas – pelas mãos de Maria de Lourdes Paula Martins (1945), secção em tupi, e pela Comissão do IV Centenário da Cidade de São Paulo. Conforme os estudos de Maria de Lourdes, José de Anchieta escreveu 18 poemas em tupi. Destes, 14 fazem menção a sua devoção à Virgem Maria. Todavia, a partir dos estudos de Armando Cardoso (1977), que se dedicou especificamente a interpretar os Cadernos de Anchieta com base nas considerações da Comissão do IV Centenário, constatou-se que o *Auto da Assunção* (1590) carecia de abertura e fechamento. Em sua opinião, de acordo com sua publicação, o *Auto da Assunção* (1590) é constituído por cinco poemas reunidos e subpostos. O pesquisador desconsidera em sua análise o poema *Nossa Senhora* (adaptação), publicado na primeira versão de Maria de Lourdes (1945, p. 639-645).

No tocante à métrica, Anchieta concebe a maior parte de seus versos na medida velha, redondilha maior, no formato ABBA (segundo ato). No último ato, observa-se a mudança de estilo para a medida nova, que são versos decassílabos nos seis quadros: ABBA. Contudo, sensível ao público, suas partes cênicas se alternam, construindo tempos de fala e de música ou dança, e reforçando o caráter lúdico e festivo do espetáculo. Como era sua intenção, o *Auto da Assunção* (1590) deveria se tornar festim anual em honra de Maria Tupansy, pois é por meio dela que as nações tupis são incorporadas a missão de Rerigitibá.

Segundo Armando Cardoso (1977), a lírica de Anchieta, nesse espetáculo, aproxima-se muito mais da lírica de Camões do que da de Gil Vicente, pois sua métrica é quinhentista, derivada do último período medieval, como aparece no *Cancioneiro de Garcia de Resende*, influenciado pela maneira cortesã espanhola, tanto na linguagem como na harmonia (Anchieta, 1984, p. 54). Essa estratégia revela que quem sustenta a trama narrativa é a figura da Virgem Maria, seu arquétipo, como quem cantasse um canto de amor ao modo ibérico.

Portanto, conforme Armando Cardoso (1977), o *Auto da Assunção* (1590) é composto por cinco atos e uma parte denominada *Adaptação* – Poema Nossa Senhora, que não será considerado em nossa análise. Vamos centrar nossa atenção na primeira versão do espetáculo, que está dividida em cinco partes:

1. Ára *angaturameté* (Da Assunção);

2. *Ejorí, Virgem Maria* (Mãe de Deus, Virgem Maria);

3. *Sarauájamo oroikó* (Vivemos como selvagens);

4. *Xe paratiy suí* (Trilogia);

5. *Jandé kañemiré* (Cantiga por Querendo o alto Deus)[1].

Considerando os limites que temos com a língua geral, vamos tomar as quatro traduções de que dispomos em português para efetuar nossa análise. Vamos levar em conta notadamente a obra de Armando Cardoso (1977), mas sem excluir as outras traduções do *Auto da Assunção* (1590) realizadas por Maria de Lourdes (1654), uma nova tradução de fragmentos dessa obra feita também por Armando Cardoso (1984) e outra tradução de fragmentos da obra de Eduardo Navarro (2004).

2.4 Elementos do *Auto da Assunção*

2.4.1 A aldeia é o palco

A própria Missão de Rerigtibá é o palco e cenário para o *Auto da Assunção* (1590). Sua geografia, sua fauna, seus edifícios e o porto da aldeia se somam ao espetáculo, pois, a partir do rito tupi de recepções nas aldeias e da prática da catequese, serão construídos os diversos atos. Segundo o seu esquema, o festim começa na porta de entrada da Missão (o porto) e segue, em cortejo, de forma ascendente, até o adro da igreja. Lá no adro, aguardam os demônios, até então os senhores da aldeia. O Anjo Custódio é quem chama os participantes para o segundo

---

[1] A comissão do IV Centenário percebeu que o poema Ára angaturameté fazia parte do espetáculo pelo fato de essa poesia antever o *Auto da Assunção* [1590] (cf. Nota. *Comissão do IV Centenário da Cidade de São Paulo – Poemas de José de Anchieta*, 1954, p. 558). Armando Cardoso (1977), seguindo a nota da Comissão do IV Centenário, irá incorporar ao espetáculo o poema Ára angaturameté e o poema *Jandé kañemiré*, compreendendo o *Auto da Assunção* (1590) em cinco partes, a partir da estrutura do *Auto de Guarapari* (1585).

ato, conduzindo a imagem da *Tupansy* (Mãe de Deus) a sua casa, a *Tupãoca* (casa de Deus).

De acordo com o *Livro de Tombo de Itapemirim* (1880), José de Anchieta recebeu autorização do morubixaba que delimitou o lugar para a construção da igreja. Ela foi construída onde ficava o cemitério indígena, incorporando um significado sagrado para os nativos. Sua localização estratégica garantia a defesa, isto é, voltada ao nascente (mar) e de costas ao poente (rio). Por trás da igreja, o grande rio era o principal acesso entre os sertões e a capital na direção leste-oeste e, no outro oriente, estava a dinâmica da vida social da aldeia: o trajeto entre o descanso (malocas) e o trabalho (porto) na direção norte-sul.

A igreja da Missão vai se configurando como ponto de convergência para toda a vida da aldeia, impondo-se como lugar sagrado (cemitério) e interpondo-se na vida social da *taba*, isto é, daqueles que transitam dos sertões à capital (rio–mar) e dos que transitam entre o trabalho e o descanso (porto–malocas). O adro da igreja da Missão, hoje chamado Praça do Venerável José de Anchieta, é apresentado como novo espaço social para a aldeia, onde convergem todos os caminhos de norte a sul e de leste a oeste.

2.4.2 Personagens

2.4.2.1 Coro de crianças

No teatro anchietano, segundo Armando Cardoso (1977), o coro de crianças ocupa lugar de destaque. Conforme a correspondência da Companhia, são elas o alvo da catequese jesuítica (Anchieta, 1984c, p. 59). Em virtude da grande facilidade que tinham para aprender a língua, a elas é dedicada a maior parte do conjunto dos autos. O *Auto da Assunção* (1590), por seu caráter festivo, contém três coros de *curumins* (crianças), marcando a mudança do tema e do espaço cênico. Tal novidade, também presente em outros espetáculos, constitui os *curumins* como arautos da Boa Nova da chegada da Mãe de Tupã – *Tupansy*.

São eles que fazem, às vezes, dos índios principais, recebendo a Mãe do Rei: são eles que manifestam a alegre exaltação por sua chegada; são eles que sustentam a resposta do povo que dança a seus usos e são eles que cantam a entronização apoteótica da imagem de Maria na igreja da Missão. Na adaptação da quarta parte, com a ampliação das nações representadas de três para oito povos (Poema Nossa Senhora - Adaptação), caberá aos *curumins* ocupar o lugar de seus pais, pois são eles os melhores cristãos que há. Na fala dos *curumins*, que são os filhos dos índios principais, marca-se a transição para o novo povo, isto é, para a nova geração regenerada por sua devoção.

O fascínio que as crianças pequeninas provocavam sobre seus pais garantia a fidelidade do público, pois, como bem captou seu autor, para a alma tupi, as crianças são a coisa mais sublime. A letra anchietana não transparece qualquer vestuário ou adereço específico para esse público, mas em seu canto se descrevem em imagem e verso as demais personagens e suas emoções. De acordo com o esquema, elas narram cantando os desejos e sonhos de todas aquelas nações ao ouvirem da boca do Anjo que a Virgem Maria vem visitar a aldeia.

2.4.2.2 Anjo Custódio da aldeia

Conforme a tradição medieval, cada vila ou cidade tem seu anjo custódio. Tal elemento confirma a intenção de José de Anchieta em fundar e refundar a aldeia com esse espetáculo. Aqui, o Anjo de Rerigtibá também se faz presente, cumprindo papel particular. É ele quem faz a transição da recepção no porto (1° ato) para o adro da igreja (2° ato). Sua interferência abre uma nova fase no enredo, quebrando o espetáculo, pois isola a recepção, que possui características específicas. É sua voz que se faz ouvir no translado da imagem até o adro, anunciando a batalha final contra os demônios "Venham, venham todos". Sua postura é de advogado, defensor e embaixador, defendendo a honra da Virgem e recuperando a terra que o inimigo antes lhe roubou, isto é, metáfora que faz alusão à tradição medieval e a antiga intriga entre o inimigo de nossa natureza e a Virgem Santíssima – Maria nova Eva (Ap 12).

2.4.2.3 Diabo de Rerigtibá

Os demônios são uma alegoria muito usada no teatro anchietano e, de acordo com seu esquema, não atuam sozinhos e representam os maus costumes morais. Como nos autos os demônios são sempre expulsos, sua utilização conserva sempre um caráter lúdico, pois são eles que acusam os pecados de índios e portugueses. Todavia, o *Auto da Assunção* (1590) é um dos espetáculos que menos fazem uso desse recurso, dando-nos a entender que há pouca matéria de costumes para tratar, sinal do bom estado moral da aldeia. Conforme a tradição medieval, o Anjo Custódio é quem se encarrega de expulsar os demônios. O texto não nos dá nenhum elemento específico para sua iconografia, (Cardoso, 1977, p. 145). A única informação que temos é que a peleja se dá no adro da igreja, isto é, no coração da Missão, concluindo com o desfecho de sua expulsão. Essencialmente, é constante a ideia de que os demônios são invasores, porque a aldeia pertence à Maria Tupansy.

2.4.2.4 Oito dançarinos

A dança é algo íntimo na vida da *taba*, coisa dos que dela fazem parte ou que são incorporados como seus membros. Diferente dos outros autos, em que a dança ocupa mero lugar lúdico, no *Auto da Assunção* (1590) a dança ocupa lugar central na estrutura do espetáculo, pois dança-se em alegria por terem sido expulsos os demônios, dança-se em acolhida à Virgem que a aldeia veio visitar, dança-se para acolher os chegados que vieram ao festim, dança-se como sinal de adesão ao novo estilo de vida em terras repartidas entre várias nações e dança-se como resposta ao acolhimento recebido. O texto não deixa claro o tipo de coreografia ou vestuário, mas dá voz à aldeia inteira que dança graças à Virgem Maria. Em tal construção, acompanham o baile os instrumentos musicais dos próprios índios.

2.5 Análise do *Auto da Assunção*

Ao iniciar a análise do *Auto da Assunção* (1590), devemos considerar o caráter híbrido de nossa personagem. Mesmo não encontrando na igreja de missão a imagem da "Maria de Anchieta", o texto literário de sua apresentação é que nos permite entrever com maior ou menor ênfase seu hibridismo, primeiro, enquanto peça de arte em geral e, segundo, como obra literária que corrobora na preservação de formas culturais e religiosas. Por isso, a partir dos estudos em *Hibridismo Cultural*, de Peter Burke (2006) e dos comentários à obra poética anchietana de Maria de Lourdes (1945), Armando Cardoso (1977), Eduardo Navarro (2012) e Armando Cardoso (1984) vamos destacar alguns elementos que corroboram a identificação de nossa personagem.

2.5.1 Hibridismo cultural

O hibridismo cultural é um elemento essencial para a compreensão do teatro anchietano. Em nossa pesquisa, tomamos o conceito de Peter Burke (2006), que cautelosamente afirma que, para pensá-lo, é necessário considerar três subdivisões fundamentais: os artefatos, as práticas e o povo híbrido. O autor considera que tais elementos não podem ser considerados sinonímicos em sua ocorrência nas religiões sincréticas, nas línguas híbridas, na culinária mestiça, na literatura, na música etc. Em cada espaço social e histórico, essas ocorrências possuem sentido distinto e estão comprometidas com um fazer específico que exigem a aceitação, a rejeição, a segregação e a adaptação de alguns elementos, pois nenhuma cultura pode sobreviver sem interações com o diferente (Burke, 2006, p. 101).

Um aspecto que merece destaque, segundo o autor, é que nos artefatos híbridos é possível perceber características de inovação, efeitos equivalentes, assimilações e uma total recusa à imitação pura e simples (Burke, 2006, p. 27-28). Tais elementos estão relacionados aos "estereótipos ou esquemas culturais" presentes na estrutura da percepção e interpretação do mundo, assim como às "afinidades ou convergências" de distintas tradições, nas quais a origem do artefato híbrido pode ter semelhanças comungadas pela sua representação e sentido nos espaços sociais de sua produção (Burke, 2006, p. 26).

Em sentido estrito, os textos mariológicos de José de Anchieta não se propõem a fazer nada de novo, salvo se seu esforço for compreendido, como afirma Peter Burke (2006), em contexto de contraglobalização (Burke, 2006, p. 103-115). Contudo, no que tange aos objetos híbridos, a reelaboração que José de Anchieta constrói, aproveitando os mitos e ritos indígenas, e interagindo com a interpretação dada a eles, até então constitui uma novidade no modo operante usado ao afirmar o papel feminino, de modo a reforçar o caráter híbrido do nosso objeto e alegoria.

O hibridismo que marca seus textos, em equivalência, apresenta-se como algo novo tanto para o indígena quanto para o missionário, pois transmite por assimilação dinâmica uma mensagem que refuta a mera imitação. Como compreende Burke (2006), quando afirma o caráter contracultural dos objetos híbridos no que diz respeito ao *Auto da Assunção* (1590), abre-se espaço para que os silenciados recuperem o lugar de fala simbólico com a expressão *Tupansy* (Mãe de Deus). José de Anchieta, a partir do rito de recepção tupi, faz a imagem de *Tupansy* ser recebida como verdadeira visita na aldeia, conferindo-lhe um lugar dentro do matriarcado tupi, prerrogativa como esposa do Principal e uma função social nesse meio.

> Entrando-lhes algum hospede pela caza, a honra e agasalhado que lhes fazem é chorarem-no, entrando pois logo o hospede pela casa o assentam na rêde, e depois de assentado, sem lhes falar palavra, a mulher e filha e mais amigas se assentam ao redor com os cabelos baixos, tocando com a mão na mesma pessoa, e começam a chorar todas em altas vozes, com grande abundancia de lagrimas, e ali cantam em prozas trovadas quantas coisas tem acontecido desde que se não viram até aquella hora, e outras muitas que imaginam, e trabalhos que o hospede padecêo pelo caminho, e tudo o mais que póde provocar a lastima e choro. O hospede n'este tempo não fala palavra, mas depois de chorarem por bom espaço de tempo, alimpam as lagrimas, e ficam tão quietas, modestas, serenas e alegres que parece nunca chorarem, e logo se saúdam, e dão o seu *erejupe* (Bebida), e lhe trazem de comer, etc. e depois d'esta cerimonia contam os hospedes a que vêm [sic].
> (Carvalho, 1903-04, p. 757)

Outra perspectiva importante em nossa pesquisa é perceber como os diversos pesquisadores traduziram a expressão *Tupansy* usada por José de Anchieta. Tal consideração diz muito para compreendermos de que maneira essa alegoria perpassa o espetáculo. Como sabemos, o tema da tradução dos conceitos da fé sempre foi uma das ocupações dos missionários. A exemplo disso, na redação do *Catecismo tupi*, várias palavras da *Doutrina cristã* (1992) não receberam tradução – para evitar equívocos doutrinais, algumas expressões não receberam tradução: pecado, graça, Virgem, Santa, Santíssima Trindade etc. No *Auto da Assunção* (1590), vários conceitos teológicos padecem da mesma dificuldade, certamente, para também evitar equívocos doutrinais. Primeiro, por não encontrar termo correlato que conserve sem alteração o conteúdo da fé e, segundo, por serem os jesuítas portugueses muito zelosos com as recomendações do Concílio de Trento (1550). Todavia, mais do que conceito, a construção dos objetos híbridos nos permite perguntar como traduzir adequadamente a palavra *Tupansy*.

A opção de Maria de Lourdes (1954) foi conservar a métrica e a poética dos textos em tupi na sua tradução, seguida pela maior parte dos outros pesquisadores, pois era seu desejo que tais versos voltassem ao público. Na tradição de Maria de Lourdes (1954) e Eduardo Navarro (2004), quando se traduz a palavra *Tupansy*, conserva-se preferencialmente a expressão "Mãe de Deus". Armando Cardoso (1977) foi o mais ousado nessa tradução, pois, nas dez vezes que essa palavra aparece, não poupa adjetivos. Certamente foi influenciado pela tradução que fez do *Poema da Bem-aventurada Virgem Maria* (1988b), pois compreendia que essa apresentação só podia ser entendida/considerada em paralelo com toda a sua mariologia.

Fig. 1: traduções de Maria de Lourdes (1954), Armando Cardoso (1977 / 1984) e Eduardo A. Navarro (1994).

MLPM (1954)	AC (1977)	AC (1984)	EAN (1994)
Mãe de Deus (10 vezes)	Mãe de Deus (5 vezes) Morte de Maria (1 vez) Senhora (1 vez) Mãe de Tupã (1 vez) Mãe do Rei (1 vez) Mãe Feliz (1 vez)	Mãe de Deus (4 vezes) Morte de Maria (1 vez) Tupansy (1 vez) Mãe de Tupã (1 vez) Mãe Feliz (1 vez) Obs.: falta o ato II.	Mãe de Deus (4 vezes) Obs.: faltam os atos II e III.

Na versão de Armando Cardoso (1977), há várias expressões que foram acrescentadas ao texto para salvaguardar a métrica e o sentido: "Senhora", "Mãe do Rei", "Mãe do Céu", "Mãe Feliz" e "Mãe de Tupã". Exceto a palavra "Senhora", caso especialíssimo também usado por Maria de Lourdes (1954, p. 560), todas as outras palavras estão na tradução em substituição a *Tupansy* – "Mãe de Deus".

2.5.1.1 Primeiro ato – Hino *Ára angaturameté* (Saudação no porto)

| Hino *Ára angaturameté*: Manuscrito 26 – Maria de Lourdes (1954, p. 558); Armando Cardoso (1977, p. 249); Armando Cardoso (1984, p. 180); Eduardo Navarro (2004, p. 94) |

Nos primeiros versos da abertura, encontramos o tema central do *Auto da Assunção* (1590): canto festivo de recepção da *Tupansy* – Mãe de Deus na aldeia de missão de Rerigtibá. Sua lírica exalta o dia feliz a ela dedicado (15 de agosto) por meio da sua evocação mais medieval, isto é, a "Morte de Maria". Em dois momentos, no poema *Ára angaturameté*, ele insiste na "Morte da Virgem", primeiro como motivo de alegria e sorte dos indígenas e, segundo, como condição de nossa filiação (Mãe de Deus e dos índios do Brasil).

Capítulo 2

Nesse duplo movimento de cima para baixo, constatamos ora certa distância da Virgem, que é colocada para a contemplação dos índios (beleza), ora sua proximidade afetiva com a aldeia (maternidade). A imagem chega de barco à aldeia, trazida pelos índios da Serra, descendo o rio Rerigtibá, atual Benavente, e reunindo várias nações para o festim. De fato, é um hino de exaltação à Virgem Maria, cantado às portas da Missão, isto é, no porto da aldeia.

Como é costume nas recepções tupis, quando recebidos dentro da aldeia, o anfitrião, em sinal de sua alegria, oferece algo de comida aos hóspedes ou lhes faz um pedido. Esses versos são uma saudação à Virgem, ressaltando suas virtudes, sua força e sua determinação de ir ao encontro de seus filhos (índios de Rerigtibá). Contudo, em sentido contrário ao motivo da festa (Assunção), seu movimento não é de partida, mas, de chegada, pois ela vem a aldeia visitar e com ela vem seu benditíssimo Filho Jesus-Tupã. Como a pessoa da Virgem de nada carece, o coro em humilde prece pede que ela não se aparte jamais da aldeia. De fato, na mente e no coração dos índios, a imagem de Maria é recebida na aldeia como se fosse uma hóspede que a vem visitar (Cardoso, 1977, p. 208). Vejamos como Armando Cardoso (1977) nos traduz este canto:

> Grande e venturoso dia
> Desponta hoje para nós:
> Alegrai-vos todos vós
> Com a morte de Maria.
> Ela vai com alegria
> Para os céus, a sua sorte:
> Afugenta a nossa morte
> E para a vida nos guia.
>
> À glória do Filho amando,
> tu voas agora aos céus.
> Que eu te ame, Mãe do meu Deus

pondo-te dentro em meu lado.
Em teu amor encentrado,
não me desprezes jamais:
Lembra-te que sempre mais
Teu amor me dá cuidado.

Morrendo deixaste outrora
teus filhos em baixo aqui:
chamados assim por ti,
nos confortamos agora.
De longe se veio embora
Esta gente a contemplar-te:
Que a encante por toda a parte
Tua beleza, Senhora!
(Hino *Ára angaturameté* - Primeiro ato, vv. 1-24)

O "rito de acolhida" nas aldeias tupis é o eixo estruturante dessa parte do espetáculo, pois cabia às mulheres tupinambás o papel central na cerimônia de acolhida. Quando um estrangeiro, ou mesmo um indivíduo da própria tribo, se aproximava de alguma cabana como visitante, faziam-no sentar-se numa rede, as mulheres cobriam o rosto com as mãos, começavam com prantos e lamentações prolongados e, entre lágrimas, lastimavam o hóspede pelos perigos e trabalho sofridos na viagem (Carvalho, 1903, p. 736).

O hábito da "saudação lacrimosa" exigia que a pessoa assim saudada também chorasse ou, quando fosse europeu e não tivesse lágrimas suficientes, fingisse. Nesse ínterim, o hóspede não fala palavra alguma, mas, depois de chorarem por bom espaço de tempo, os índios limpam as lágrimas e ficam tão quietas, modestas, serenas e alegres que parecem nunca ter chorado, e logo se saúdam e lhe trazem algo de comer (Cardim, 1925, p. 171). Todavia, quando a recepção acontece longe das *malocas*, como é o caso, não oferecem nada para comer enquanto não chegarem à casa de um Principal (Igreja).

A originalidade do hibridismo cultural anchietano aqui aparece com toda a força, pois, na recepção da Virgem Maria, é ela quem "chora continuamente" (Maria apresentada como mulher tupinambá). Nessa construção, acontece mais uma vez algo que ressaltamos agora, que é uma inversão cênica. De fato, não só uma inversão cênica, mas também no espaço social e político, pois de hóspede ela (a Virgem) se torna anfitriã. E, por que não dizer, ocorre uma inversão teológica em chave escatológica, já que a Virgem Assunta que deixa os céus e vem visitar a aldeia é a mesma que deseja guiar todos os índios ao seu lugar. Portanto, se nossa hipótese está correta, o rito de acolhida nas aldeias tupis deve ser a chave para interpretar todo o espetáculo, ou melhor, cartão de visita que revela sua identidade.

A Virgem é apresentada como uma das filhas da aldeia, com as características das mulheres principais que realizam a "saudação lagrimosa", isto é, como dona da casa e senhora da aldeia, fazendo seus hóspedes, todos os índios que vieram à recepção, silenciarem diante dela. Conforme o rito, os índios principais não têm palavra durante todo o canto, pois, quando ela chora, nada se deve dizer com pena de ser ingrato ou ofender a anfitriã, pois o cortejo de recepção da imagem é o desfile lagrimoso de Maria Tupansy.

Numa leitura rasa do texto anchietano, veríamos apenas devoção popular na perspectiva escatológica e encarnatória ao insistir no dogma da Assunção (ansiosa pelo céu). O fato de colocar a Virgem lagrimosa pela aldeia não pode estar aqui sem ter José de Anchieta tido intenção reta de apresentar Maria aos índios a partir de seus elementos culturais. Como já mencionamos, suas alegorias dirigidas aos índios são carregadas de sentido, pois eles a recebem como fosse uma pessoa de fato que vem sendo mais que visita (Ela vem para ficar na aldeia).

Os nativos têm consciência do tamanho da honraria que recebem com tal visita e, por isso, humildes pedem licença para se aproximar dela (imagem), para diante dela se prostrar, mesmo tendo a alma oprimida de amargura. Contudo, nesse ato apresentam um pedido: "Oxalá que sem tardança me invada tua doçura", em clara alusão à oração da Salve Rainha, isto é, louvor medieval que evoca sua intercessão que destrona as forças do mal.

Nesse verso encontramos a palavra "pecado", que os tradutores trabalham de forma diferente, ora como "opressão" na tradução de Maria de Lourdes (1954) e Armando Cardoso (1977), ora como "prece ou pedido", ou seja, que ela nos "afaste o pecado" (Hino *Ára angaturameté* - Primeiro ato, v. 36). Na segunda tradução de Armando Cardoso (1988), como "pesar ou medo", coincidindo com a tradução de Eduardo Navarro (2004).

> Toda ansiosa pelo céu,
> choravas continuamente:
> vives hoje bem contente
> ao lado do Filho teu.
> Veem agora sem véu
> os anjos teu rosto lindo:
> vem! Aclara-me sorrindo
> com tua luz sem labéu!
>
> Vem! E que minha alma impura
> eu de ti possa achegar,
> e à tua frente a prostrar,
> oprimida de amargura.
> Guia-a depressa, e segura
> siga teu passo que avança.
> Oxalá que sem tardança
> me invada tua doçura!
> (Hino *Ára angaturameté* - Primeiro ato, vv. 25-40)

Capítulo 2

De fato, o canto apresenta um pedido à Virgem Maria. Segundo o "rito de acolhida", talvez seja esse o motivo de sua visita, que ela intervenha em favor da aldeia, livrando-os do mal e afastando-os do maligno - *Anhangá*. Contudo, não por méritos dos índios, mas por sua graça, possam "imitar-te na 'santidade'" (v. 44). Na segunda tradução de Armando Cardoso (1984) ele traduz "santidade" pela expressão "vida boa" (Hino *Ára angaturameté* - Primeiro ato, v. 44), isto é, como caminho a ser seguido a partir da Palavra de Deus. Embora divirja das outras traduções, aqui ele se aproxima da tradução tupi da palavra "Evangelho", colocando a Palavra de Deus como caminho de santidade (Leite, 1938, p. 33).

José de Anchieta, ao chegar ao final do hino, retoma novamente a contemplação o rosto lindo da Virgem (graça = formosura), insistindo diretamente duas vezes na palavra "robá" (face, rosto, rubor, semblante, beldade) e, indiretamente, quando diz: "De longe se veio embora esta gente a contemplar-te" (Hino *Ára angaturameté* - Primeiro ato, v. 21-22). Tal insistência nos abre memória ao *Poema da Bem-aventurada Virgem Maria* (1988b), lugar onde encontramos de forma mais sistemática a poética de sua devoção ("Oh! poupa descorar o rubor de teu rosto", v. 1181), que remonta ao voto de Coimbra (Anchieta, 1988b, p. 171).

Destacando o sentido do "tato", a tradução de Eduardo Navarro (2004) coloca os índios tocando nas pálpebras da Virgem e evocando sua beleza (Hino *Ára angaturameté* - Primeiro ato, v. 38). Contudo, no contexto da aldeia, Anchieta pretende, em última instância, elevar a mulher indígena (Cardoso, 1977, p. 253). De forma semelhante, encontramos a mesma inspiração no seu *Tratado de mariologia, isto é, no Poema da Virgem Maria* (1988b): "Tua beleza atrai bons de todos os graus, e é poderosa para atrair os maus" (vv. 2769-2770) (Cardoso, 1988 [Tomo 2], p. 59).

Deteste enfim a maldade,
E me afaste do maligno:
Teu amor me faça digna
De imitar-te a santidade!
Que teu olhar de beldade
Encha minh'alma de gosto,
E que, ao contemplar-te o rosto,
Atraia minha ansiedade!
(Hino *Ára angaturameté* - Primeiro ato, v. 41-48)

2.5.1.2 Segundo ato – Diálogo *Ejorí, Virgem Maria* (Diálogo do anjo e do diabo)

| Diálogo *Ejorí, Virgem Maria*: Manuscrito 26. Maria de Lourdes (1954, p. 567); Armando Cardoso (1977, p. 251) |

Na transição do primeiro para o segundo ato, é introduzida nova personagem: o Anjo Custódio da aldeia. É ele quem inicia o traslado da imagem para o adro da igreja da Missão. Conforme o costume medieval, cada vila ou cidade tem um anjo custódio da guarda que, agora, é invocado. A voz do anjo conclama ladeira acima, martelando qual sino que chama para a catequese os participantes da recepção para o segundo ato. Sua entrada conclui o primeiro ato (Saudação lagrimosa), pois a intervenção de Maria contra os demônios está como resposta a tudo que vem acontecendo na aldeia antes da sua chegada.

O papel do Anjo aqui segue a tradição bíblica, conservando-lhe o ofício de mensageiro de boa notícia, pois de sua boca "corneta" se anuncia o motivo da visita da Virgem: "Vem a aldeia visitar, dela o demônio expulsar" (Diálogo *Ejorí, Virgem Maria* - Segundo ato, vv. 2-3). A anotação do caderno anchietano chama essa personagem de "Anjo no caminho", aquele que irá ao encontro da Virgem no porto, convidando-a para entrar e proteger a aldeia.

Nesse ato, temos uma nova catequese que coloca a Mãe de Deus como defensora da aldeia, isto é, ela tem o poder de expulsar *Anhangá* com sua beleza = Jesus Cristo. Segundo a tradição medieval, Anchieta fundamenta biblicamente sua elaboração cênica com a inimizade entre a Virgem e o Diabo (Gn 3,15). As duas traduções que usaremos oferecem construções diferentes a princípio, mas, em diálogo, ora enfatizam a meta (redenção), ora a graça da visita (honra). Para dar um exemplo, na versão de Maria de Lourdes (1954), traduz-se a prece desta forma: "Oxalá, por teu amor, ela [a aldeia] se santifica" (Diálogo *Ejorí, Virgem Maria* - Segundo ato, vv. 4-5).

O mesmo Anjo anuncia quais os males que a Virgem vem afastar da aldeia de Rerigtibá: "a enfermidade, a febre, a disenteria, as corrupções e a ansiedade". Todavia, chamamos a atenção para a palavra "ansiedade" *(tygueaíba)*, que Maria de Lourdes (1954) traduz por "tosse". Na tradução de Armando Cardoso (1977), a palavra "ansiedade" aparece duas vezes no texto, fazendo a ligação entre o primeiro e o segundo ato: "Atraia minha ansiedade" (Hino *Ára angaturameté* - Primeiro ato, v. 48). Todavia, tal duplicidade também nos dá oportunidade para acusar ansiedades dentro e fora da aldeia, isto é, dentro, em tudo que toque a superação dos conflitos entre as nações indígenas e, fora, a interferência dos portugueses que tentam de muitas formas tirar proveito da mão-de-obra indígena.

>Mãe de Deus, Virgem Maria,
>Vem a aldeia visitar,
>Dela o demônio expulsar.
>Oxalá com alegria
>Progridamos em te amar!
>
>Afasta-lhe a enfermidade,
>A febre, a disenteria,
>As corrupções, a ansiedade,

Para que a comunidade
Creia em Deus, teu Filho e guia.
(Diálogo *Ejorí, Virgem Maria* - Segundo ato, vv. 1-10)

A vida na selva era marcada por inúmeros perigos, ou seja, representada por temidas criaturas (demônios). Não é por acaso que o representante principal da demonologia anchietana tem por modelo os espíritos das florestas em contraposição ao novo espaço que se abre aos índios nas aldeias de missão. Por isso, contrariamente, por meio das peças teatrais, insiste-se nesse novo espaço onde eles não atuam porque coloca o índio entre anjos e santos. De fato, o missionário não desprezou o medo que o índio tinha das epidemias, doenças e dos espíritos, cujas causas desconheciam. Em certa medida, José de Anchieta, pelos processos de "acomodação", "assimilação" e "cooperação", desvela o profundo conhecimento da psicologia do índio e das relações humanas (Cortez, 2000, p. 347-8), dando um grande contributo à superação do medo.

No *Auto da Assunção* (1590), as personagens identificadas com o demônio não têm nomes, tampouco nenhuma identificação pessoal, e não atuam isoladas, mas, sim, com companheiros que, com medo da *Tupansy*, decidem logo escapar da aldeia. Essa mesma autoridade é ressaltada no *Auto de Guarapari* (1585), pois é o demônio *Anhanguçu* (Chefe dos demônios) que diz: "O sacerdote inimigo infelizmente ensina a seguir a voz do céu. Proclama que a Mãe divina desgraçou a minha sina e a cabeça me rompeu" (Anchieta, 1977, p. 208-9). Surpreende constatar o caráter lúdico e cômico dessa construção, isto é, demônios medrosos, preguiçosos e fujões. Sobre isso registra Cardim: "A esta figura [demônio] fazem os índios muita festa por causa de sua formosura, gatimanhos e trejeitos que faz; em todas as suas festas metem algum diabo, para ser deles bem celebrada" (1925, p. 292).

É o demônio, no *Auto da Assunção* (1590), que anuncia a intenção escondida da visita de Maria à aldeia e lhe pede que por ora o abençoe como convite a sair, pois aqui não tem freguesia (Diálogo *Ejorí, Virgem Maria* - Segundo ato, vv. 13-15). Na versão de Maria de Lourdes (1954), o demônio afirma que todos na *taba* gostam dele e o querem conservá-lo na aldeia. Nessa mesma versão, o demônio não autoriza a entrada da Virgem na aldeia, desprezando os índios da Serra que a trouxeram. Tal fato é relevante, pois são os índios da Serra que trazem a imagem pelo rio Benavente, grupo de índios mais antigos, originários dos primeiros aldeamentos nessa capitania. Todavia, é o Anjo Custódio quem virá em socorro da Virgem e da boa-fé dos índios da Serra.

> Não vens tu assim à toa
> Afastar-me desta aldeia,
> Tudo que na taba, que é boa,
> Com vontade me abençoa
> E com gosto me rodeia.
>
> Oh! retoma teu caminho,
> Tu não tens aqui franquia
> Aos índios da serrania.
> Cá estou no meu cantinho.
> Não têm por ti simpatia.
> (Diálogo *Ejorí, Virgem Maria* - Segundo ato, vv. 11-20)

É comum, nas alegorias de José de Anchieta, incorporar alguns elementos cenográficos próprios dos índios, visando tocar diretamente o público, como "flechas" no *Auto de São Sebastião* (1584) e a "grelha" (usada para assar as carnes dos índios inimigos no rito antropofágico) no *Auto de São Lourenço* (1587). Da mesma forma, na peça *Recebimento do Pe. Marçal Beliarte* (1589), um demônio volta à cena para ter sua cabeça quebrada por uma *ivara-*

pema, que era uma clave tupi do rito de antropofagia, feita de madeira para quebrar a cabeça dos inimigos. De fato, José de Anchieta não improvisa, incorporando aos espetáculos as armas, as pinturas e os instrumentos musicais dos próprios índios.

> Anjo Custódio da aldeia,
> Eu dela te expulsarei,
> E entrará a Mãe do Rei!...
> Já vou atacar-te, eia!
>
> Ai, pobre de mim! Com briga
> A mãe de Deus libertou
> Terra que o mal me doou...
> Mãe de Deus, minha inimiga!
>
> *(Fala com seus companheiros demônios)*
>
> Vamos da aldeia escapar,
> Antes que nos lancem dela!
> Sim, vamos a todo vale
> Longe os pecados levar!
>
> *(fogem os diabos)*
> (Diálogo *Ejorí, Virgem Maria* - Segundo ato, vv. 25-36)

Desde seu primeiro espetáculo, vemos desfilar ante nossos olhos os *Anhangás* (Demônios) de todas as espécies: soberbos, fanfarrões, espertalhões, maliciosos, galhofeiros, maldosos, traidores, covardes e sempre, no final, derrotados. Desde São Vicente, vemo-los tentar os tupis, tamoios, tupiniquins, temiminós, tupinambás e tapuias (moças, rapazes, velhos e velhas) com suas malícias mortais, suas danças, cantos, músicas e instrumentos; com suas crueldades, enganos, mentiras, bebedeiras, antropofagia e desonestidades.

De fato, Anchieta tentou mostrar ao índio algo que em sua cultura era novo por meio das alegorias que construía, abrindo sua consciência às realidades do mundo espiritual e moral. Não de modo irreal, numa elevação incompreensível para sua inteligência e sensibilidade, mas tomando pé na crença indígena dos espíritos, os *Anhangás* e corrigindo a afeição negativa de sua religiosidade por medos, superstições e magia.

Contudo, no *Auto da Assunção* (1590), em paralelo, na procissão da corte celestial, segue à frente dos índios a *Tupansy*, a Mãe do Filho de Deus feito homem, nosso irmão. Mostrou-lhes esses dois mundos espirituais do bem e do mal, adversos entre si, em contínua guerra, o que para os tupis, essencialmente guerreiros, deveria impressionar muito, sendo-lhes ainda mais real o convite para entrar nessa luta, suplantando seus antigos vícios e aderindo à "vida boa" (Cardoso, 1984, p. 73).

2.5.1.3 Terceiro ato – Hino *Sarauájamo oroikó* (As duas danças)

| Dança *Sarauájamo oroikó*: Manuscrito 27 v.; Maria de Lourdes (1954, p. 596); Armando Cardoso (1977, p. 253) |

O terceiro ato do *Auto da Assunção* (1590) celebra os resultados mais visíveis da catequese ao colocar os índios já aldeados dançando em acolhida àqueles que estão chegando e os recém-chegados dançando em resposta aos primeiros em seus modos e costumes. Nesse ato, José de Anchieta coloca claramente o que ele deseja com essa catequese teatral: que essas nações reunidas para o festim se convertam num só povo sob o patrocínio da Virgem *Tupansy*. Nas aldeias, quando havia festa, as danças se estendiam durante todo o dia, exigindo grande quantidade de serviços agregados.

    A dança nas tradições tupis é coisa própria da aldeia, daqueles que nasceram ou foram incorporados a ela. É coisa dos homens, mas também das mulheres, pois dançam de forma hierarquizada e entre seus pares, isto é, os principais e seus guerreiros, os iniciados nos ritos de passagem e as mulheres. Anchieta logo levará em conta a importância e o lugar que a dança ocupa na vida das aldeias, incorporando-as no final dos seus espetáculos. Contudo, a particularidade do *Auto da Assunção* (1590) está exatamente no lugar dado às danças, pois elas ocupam no espetáculo lugar central.

    Na medida em que se questiona a antropofagia e o consumo do cauim desmonta-se o matriarcado tupi baseado na instituição do casamento poligâmico e no serviço ritual antropomórfico das índias "velhas". No *Auto de São Lourenço* (1587), demonizam-se as "velhas", comparando-as a serpentes, que preparavam negras bebidas para serem belas e ardentes (Anchieta, 1977, p. 161). De fato, a interferência dos jesuítas na instituição das "velhas", na dissolução das *malocas* e na prática da uxorilocalidade, entre outras, foi um golpe de morte para o lugar que o feminino ocupava na cultura tupinambá (Fernandes, 2016, p. 327).

    O discurso androcêntrico da maioria das sociedades patriarcais fez com que muitas vezes os antropólogos tivessem dificuldade em reconhecer o papel ativo e eventualmente dominante das mulheres na cultura. O *status* da mulher tupinambá se inferioriza, entre outras razões, justamente pela profunda transformação na organização social do espaço doméstico ocasionada pela invasão europeia (Fernandes, 2016, p. 46-48). Até relatos sobre a prática de violência contra a mulher tupinambá são encontrados na correspondência de José de Anchieta que acusa a interferência europeia nos costumes indígenas (Anchieta, 1988c, p. 457).

O fim das malocas e a introdução de casas com famílias nucleares nas aldeias provocou o fim do "incesto", enfraquecendo, em grande medida, o papel do feminino e impedindo que as mulheres permanecessem unidas aos seus grupos de parentes, importante ponto de apoio para a sua autoridade econômica e política. Com isso, quebrava-se a uxorilocalidade, uma palavra feminina de cunho antropológico que significa o costume institucionalizado de, após o matrimônio, os cônjuges irem morar na casa da mulher ou na mesma povoação. Tal prática era um dos sustentáculos da autoridade da mulher tupinambá, porque o marido era incorporado como bem da casa. Em outras palavras, a casa é da mulher e o marido é sempre "hóspede", com obrigações delimitadas vinculadas à caça e à proteção das malocas.

A rigor, em ambiente tupinambá, a mulher é a figura que, em geral, está associada à cultura e à sociedade, e não o homem, pois o domínio do espaço humano e a transmissão da cultura são essencialmente femininos. É significativa, na correspondência da Companhia de Jesus, a crítica à autoridade das "velhas", levantando a hipótese de um matriarcado tupi rejeitado na primeira hora da catequese. Todavia, mesmo rejeitando a autoridade da mulher tupinambá, José de Anchieta irá mostrar, por meio de sua correspondência, o papel singular que as "velhas" podiam prestar quando abertas à catequese. Vejamos uma carta sobre a as origens da doutrina cristã na Bahia em 1556.

> Os irmãos que têm o cuidado de os doutrinar, passaram aqui alguns dias para celebrarem a festa da Páscoa; uma velha, sentindo a demora, chamou duas vezes o povo à Igreja, e, fazendo um de professor e os outros de discípulos, repetiram por ordem a doutrina cristã. (Anchieta, 1984a, p. 111)

Outra carta de José de Anchieta que relata mais um exemplo da liderança das mulheres tupinambá nas aldeias:

> Travando-se a batalha e aparecendo grande multidão de inimigos, os nossos tomados de medo e terror começaram a perder o ânimo. Vendo isso a mulher do principal desta aldeia, já batizada, a qual partira para a guerra juntamente com o marido, como é costume deles, exortou a todos com espírito viril a que, perdendo o medo, fizessem o sinal da cruz na fronte. E deste modo só dois que o deixaram de fazer, foram feridos e um morreu. Os inimigos foram dispersos e postos em fuga pelos restantes... (Anchieta, 1984a, p. 72)

As alegorias anchietanas faziam uso de uma variedade de instrumentos musicais, adornos festivos e armas para a guerra em suas peças teatrais. De fato, ao interferir nos costumes indígenas, José de Anchieta interferirá diretamente e inevitavelmente em suas tradições e instituições. Contudo, aquilo que na primeira hora de sua catequese foi objeto de crítica, como a dança e o papel do feminino, no *Auto da Assunção* (1590) vai ganhando um lugar particular em suas alegorias. Desta forma, Maria é apresentada na igreja de Rerigtibá como mulher tupinambá, na sua casa, ou melhor, residência do Principal da aldeia – Deus –, recolocando o feminino no coração da Missão.

No caso particular de Rerigtibá, segue abaixo a lista de instrumentos musicais, armas de guerra e adornos festivos usados nos dias que antecederam a chegada de José de Anchieta à aldeia, conforme a memória do *Livro de Tombo da Paróquia de Itapemirim* (Martins, 1880, p. 1-3):

Fig. 2: Instrumentos, ministérios e adereços usados nas festas.

Instrumentos musicais

Inubia (flauta usada para convocar os guerreiros)
Uapy (tambor)
Memby (flauta de osso)
Tará (flauta taquara grande de pau)
Uatapy (búzios)

Armas de guerra

Unaparás (arco)
Huis (flecha)
Tangapemas (clave de pau de ferro)
Ivarapema (clave para matar inimigo)

Instituições e afins aos ritos

Morubixaba (chefe maior da aldeia)
Massacaz (chefe das malocas subjunto ao Morubixaba)
Pajé (sacerdote)
Caraiba-assu (grande sacerdote)
Tapuyas (índios inimigos)
Caoim (bebida usada nas festas)

Adornos festivos

Poracé (festa)
Acanguapes (coroa de penas)
Enduapes (tanga de penas)
Açayabas (manto tupinambá de penas vermelhas)
Tapacuris (faixa com que as índias virgens amarram os tornozelos)
Bucan (grelha de madeira para assar carne humana)
Aiucará (colar de chefe de dentes dos inimigos)

    Todos esses objetos se somavam ao programa catequético anchietano, influindo diretamente em seu imaginário cultual, social e religioso. Todavia, o que nos interessa aqui é ressaltar o hibridismo cultural presente nos esquemas de composição e suas alegorias, pois, como acontece nas festas portuguesas desde o século XIII, as danças foram incorporadas ao teatro jesuítico em praticamente todos os lugares onde trabalharam. A experiência anchietana, porém, não se limitou a importar conteúdo ou práticas europeias; afinal, sua inserção nas culturas indígenas fez de suas poesias algo muito original e distinto.

    Em certa medida, a novidade do *Auto da Assunção* (1590) está no fato de captar a alma do gentio, celebrando a caminhada da construção do projeto evangelizador uma vez que que estabelecia os passos seguintes para a consolidação da Missão. Nessa bricolagem, José de Anchieta não se negará a apresentar algo novo aos índios, incorporando suas "tradições" e "costumes".

> É muito para louvar a Deus, ver nesta gente o cuidado com que os já cristãos acodem a celebrar as festas e ofícios divinos. São afeiçoadíssimos à música e, os que são escolhidos dos padres para cantores da igreja, prezam-se muito do ofício e gastam os dias e as noites em aprender. Saem destros em instrumentos musicais, charamelas, flautas, trombetas, baixões, cornetas e fagotes; com eles beneficiam, em canto de órgão, vésperas, completas, missas, procissões tão solenes, como entre os portugueses. [Prezam muito suas festas, a tal ponto que] Será tido como por sacrílego entre eles deixar de acudir a uma das festas, por mais distantes que estejam [sic]. (Vasconcelos, 1934, p.172)

Na primeira parte do ato, dançam seis índios cristianizados, os *machatins* (Cardoso, 1977, p.253), com texto composto por seis quadrinhas de quatro versos e com métrica em sete sílabas. De acordo com sua estrutura, eles se alternam, indicando certo diálogo e coro entre os brincantes ou recitação individual. Sua estrutura repete o esquema presente no auto como um todo, pois as partes convergem para o centro do canto, em que encontramos a promessa e a graça (3° e 4° versos). Da mesma forma como converge todo o espetáculo para as danças (3ª parte), também convergem seus versos para o centro do hino. Tal estrutura mantém a peça aberta, reproduzindo o esquema mistagógico e processual presente no seu catecismo - *Diálogo da fé* (1988).

Com base no mote popular, os brincantes se apresentam dizendo de onde são e o que vieram fazer, mas pedem licença ao público para brincarem (Dançarem) com liberdade. A insistência na origem dos índios é uma constante na Dança *Sarauájamo oroikó* (Terceiro ato): "Somos selvagens" (v. 37), "Venho do meio do mato" (v. 45) ou "Deixei a selva natal" (v. 57). Essa opção apenas reforça a ideia de indignidade-redimida, pois o texto induz de muitas formas a não sermos "dignos de que a Mãe do meu Senhor venha nos visitar" (Lc 1,43), mas também insiste em que o lugar do índio é na aldeia de missão e não nas florestas (*Domínios de Anhangá*).

Em certa medida, conforme o rito de recepção nas aldeias tupis, agora aparece a palavra dos índios da aldeia de Rerigtibá que, humildemente, pedem a companhia da Virgem até a hora do Filho de Deus. Os dançarinos reconhecem que Maria lhes deu grande ensino, uma vez que ela expulsa o *Anhangá* com seu valor (Beleza), e é feliz quem tem a amizade dela em sua vida. Em resposta a tão preciso auxílio, prometem-lhe que se "converterão" e "abraçarão a lei bendita".

José de Anchieta deixou registrado qual é o gênero musical que ele adapta para construir esse ato no espetáculo: uma dança ibérica chamada *machatins* ou *matachis*, dança popular antiga da península ibérica, acompanhada por movimentos guerreiros e dança de espadas. Nessa nota, reconhece-se a introdução de danças além-mar entre os índios entre os índios do Brasil. Fernão Cardim (1980) registra, em junho de 1583, na aldeia do Espírito Santo, meninos índios que dançam *machatins*: "Saíram com uma dança d'escudos à portuguesa, fazendo muitos trocados e dançando ao som de viola, pandeiro, tamboril e flautas, e juntamente representavam um breve diálogo, cantando algumas cantigas pastoris" (Cardim, 1925, p.292).

Os *machatins*, além de dizerem algo dos índios como guerreiros, dizem algo da Virgem Maria como filha genuína da aldeia, isto é, aquele que vai à frente dos índios nas batalhas, sendo também a expressão da acolhida dos índios já aldeados aos que agora chegam à Missão. Essas danças eram prática recorrente na aldeia de Piratininga, em 25 de janeiro de 1585: "Fomos em procissão até a igreja com uma dança de homens de espadas, e outra dos meninos da escola" (Cardim, 1925, p.354). De fato, como a dança é uma realidade muito interna das aldeias, os *Matachins de Nossa Senhora* (Dança dos Soldados de Nossa Senhora) permitem-nos visualizar o fruto mais bem acabado da catequese anchietana, pois, com essa dança, as três nações alocadas em Rerigtibá e, posteriormente, as oito nações no poema Nossa Senhora, acolhem como um só povo os índios da Serra e outros.

1°
Vivemos como selvagens,
Somos filhos da floresta:
Viemos saudar-te em festa,
Deixamos libertinagem.

2°
Dá-nos tua companhia
Até ao reino de Deus!
Oh! vem ensinar aos meus
A seguir a tua via.

3°
Venho do meio da mata
Assistir a recepção:
Vem trazer-me a conversão
À tua virtude inata.

4°
Em honra à tua visita,
Repudiei o meu mal:
Achego-me ao Deus real,
Aceito-lhe a lei bendita.

5°
Estou em tua presença,
Eu que era um revoltoso:
Vem abriga-me ditoso
Em tua bondade imensa.

6°
Deixei a selva natal
Em tua honra e louvor:
Ame-me teu grande amor,
Livre-me *de todo mal.*
(Dança Sarauájamo oroikó - Terceiro ato, vv. 37-60)

Essa segunda dança *Sarauájamo oroikó,* que está intimamente ligada à primeira, é a resposta dos índios que haviam acabado de chegar à Missão, descidos dos sertões pelo Pe. Diogo Fernandes, que foi o primeiro filho das terras do Brasil a entrar no mistério ordenado. Ela segue a mesma métrica da primeira, mas sem tanta maestria cênica, pois não há referência a uma forma mais elaborada de dança como os *matachins.* Com maior humildade, ainda em seu cantar, vão dizer que "vieram das matas", dos "montes mais escusos", e que "muita coisa não sabeis...", mas dançam a seu modo. As expressões usadas confessam tanto a alegria como a surpresa e o interesse dos chegados pela vida na aldeia.

Como a dança constitui linguagem e o processo de incorporação à aldeia pressupõe a catequese, os índios da Serra e outros chegados respondem com dança às boas-vindas. De fato, dançam por serem cristãos, mas em processo de incorporação à aldeia de missão. Eles confessam que já reconhecem Deus, isto é, o "Filho de Maria" e, por isso, desgostam-se de seus vícios. Certamente, esses índios seriam parentes dos que já estavam em outras aldeias e que agora se somam sob o mesmo patrocínio.

1º
Vivendo em montes escusos,
Eu muita coisa não sei:
Por isso eu aqui dançarei
À moda dos nossos usos.

2º
Eu já conheço Deus,
O que é teu Filho, Senhora.
Assim também eu agora
Detesto os defeitos meus.

Os versos seguintes nos dão informações importantes por confirmarem que há conflitos na aldeia de Maratauã[2], aldeia situada ao sul (Rio de Janeiro), ainda atormentada por guerras constantes com os tamoios, que o índio Rerigtibá quer participar. A inimizade entre as nações e sua pacificação é o resultado que se precisa alcançar. José de Anchieta apresenta a Maria Tupansy, aquela que pode pacificar as nações tupis. Nestas linhas, aparece a finalidade das Missões: colaborar na superação dos conflitos entre as nações indígenas e favorecer uma cultura de paz por meio da catequese.

Conforme sua alegoria, os índios da Serra são recebidos na casa do Principal, isto é, na *Tupãoca* casa do nosso Pai Tupinambá – Jesus – Tupã (Deus). Os tupinambás eram o maior grupo de índios da costa do Brasil e foram os primeiros a receber o Evangelho, na Bahia, e essa referência a Deus dos tupinambás confessa sua identificação e proximidade espiritual. De acordo com o rito de acolhida nas aldeias e o matriarcado tupi, como são as mulheres dos principais que acorrem aos hóspedes com o rito de acolhida, a eles é apresentada a Maria Tupansy – Maria de Deus.

---

[2] Ela aparece na festa de Natal (v. 71) como lugar do Rio de Janeiro (Maracanã) e como comunidade do interior no *Auto de São Lourenço* (v. 86).

José de Anchieta coloca na boca dos novos índios o nome daquela que eles devem guardar na mente e invocar continuamente: *Tupansy*. No último verso, encontramos uma prece por um padre – Diogo Fernandes, sertanista e superior da Missão de Rerigtibá – que se encontrava enfermo por causa das fadigas de descer índios às Missões.

> 3º
> Aqui está minha gente
> Que em Maratauã morava;
> Teu nome na mente grava,
> Invoca-o continuamente.
>
> 4º
> A todos infelicita
> De nosso padre a doença:
> Vem, Mãe de Deus, sem detença,
> Curá-lo dessa desdita.
> (Dança *Sarauájamo oroikó* - Terceiro ato, vv. 61-76)

2.5.1.4 Quarto ato – Colóquio *Xe Paratiy suí* (Três tribos se apresentam)

| Colóquio *Xe Paraiy suí*: Manuscrito 31; Maria de Lourdes (1954. p. 578); Armando Cardoso (1977, p. 254); Armando Cardoso (1984. p. 187); Eduardo Navarro (2004. p. 110) |

O quarto ato, renomeado por nós como **colóquio**, é um dos pontos mais altos do espetáculo. Essa parte foi alvo de uma adaptação posterior que incluiu de três a oito oradores, com a entrega de presentes (Poema Nossa Senhora). Na tradução de Armando Cardoso (1977), o quarto ato recebe o nome de "Louvação dos três representantes de tribos" ou, na versão de Maria de Lourdes (1954), de "Trilogia", pois os índios principais das três nações presentes na recepção ocupam seu lugar político na Missão e se dirigem à imagem da Virgem Maria (Cardoso, 1977, p. 249).

Em consonância com o esquema da "recepção" usado no espetáculo, sabemos que esse ato aconteceu dentro da igreja (Casa do Principal – Tupã). Sua estrutura cênica dá a entender que é o momento de maior focalização do espetáculo, pois, na fala dos líderes, recolhem-se os sentimentos, as aspirações, as incertezas, os medos e as expectativas do agora e do futuro. Na fala dos oradores, descreve-se uma variedade de coisas que estão na igreja, deixando-nos registro precioso das disposições físicas e existenciais interiores e exteriores de cada *morubixaba*. Todavia, segundo o matriarcado tupi, os líderes, ao serem recebidos pela mulher, saúdam, em primeiro lugar, o dono da casa – seu Principal, Jesus Tupã. Maria de Lourdes (1945) indica em nota a possível existência de uma imagem de Deus (Jesus) ornada no interior da igreja (saudação ao Principal da aldeia). O mesmo afirma Armando Cardoso (1977), apontando o fato de que o altar do Santíssimo Sacramento devia estar ornamentado, justificativa para a elegância do índio Paratiy.

No *Auto da Assunção* (1590), o índio *Paratiy*, todo pintado para a recepção, vem com maestria saudar a Mãe de Deus[3]. Como a pintura do índio *Paratiy* logo chama a

---

[3] Armando Cardoso (1977) faz convergir as aldeias do sul (Parati) e do norte (Tupinambá) à Missão de Rerigtibá. Constituindo-a como centro irradiador da missão da Companhia. Contudo, conforme o nosso estudo, a Parati citada no *Auto da Assunção* (1590) se refere a uma aldeia próxima à sede da Missão. Assim, Armando Cardoso (1977) não está de todo equivocado, pois, ao confessar que os índios paratis são antropomórficos, dá-nos uma pista para afirmarmos que sejam índios do sul fluminense. Armando Cardoso (1977) faz convergir as aldeias do sul (Parati) e do norte (Tupinambá) à Missão de Rerigtibá. Constituindo-a como centro irradiador da missão da Companhia. Contudo, conforme o nosso estudo, a Parati citada no *Auto da Assunção* (1590) se refere a uma aldeia próxima à sede da Missão. Assim, Armando Cardoso (1977) não

atenção de todos, ele prontamente se justifica, dizendo: "Meu Pai-Deus também, em alegria, se enfeitou" (Colóquio *Xe Paratiy suí* - Quarto ato, v. 8). Interessante pensar como a Igreja enquanto templo é casa do Principal da aldeia – Jesus Tupã, ou melhor, é extensão do seu corpo todo adornado e decorado com pinturas. Ele pede licença para se aproximar da imagem e contemplar melhor sua beleza; extasiado, levanta a voz e promete em seu nome e dos seus, em honra da Mãe de Deus, acabar com a alegria das "velhas", ou melhor, pôr fim à prática da antropofagia[4].

Não podemos esquecer que o orador é sujeito coletivo, que está diretamente relacionado com os índios que ele representa no festim. Suas últimas palavras e prece reforçam essa consciência, pois ele pede à Virgem, que, por Nosso Senhor, cuide com o amor que lhe devotam do povo de sua terra. Em certa medida, nas entrelinhas da prece, fica o pedido de que a Virgem atraia seus filhos do sul para a Missão.

1. Paratiy (Tamoio)

Eu, do rio Parati,
Venho ver a Mãe de Deus,
Pintado os membros meus,
Em alegre frenesi.

Meu coração exulta
Na glória da Mãe do céu:
Tão exultante como eu,
Meu Pai-Deus se ornamentou.

---

está de todo equivocado, pois, ao confessar que os índios paratis são antropomórficos, dá-nos uma pista para afirmarmos que sejam índios do sul fluminense.

[4] Chama a nossa atenção não ter aparecido tal prática no segundo ato do espetáculo (expulsão do demônio). De fato, os índios Paratis podem ser originais da região sul fluminense.

Quero achegar bem as celhas
Para olhar seu esplendor.
Findar em seu louvor
Com a alegria das velhas.

Oração:
Mãe de Deus, belo ideal!
Minha gente é toda amor:
Guarda com Nosso Senhor
A minha terra natal!
(Colóquio *Xe Paratiy suí* - Quarto ato, vv. 1-16)

O segundo orador é o índio Rerigtibá, filho da aldeia e, em tese, um dos anfitriões. Ele nos oferece vários elementos sobre a igreja da Missão, as virtudes dos índios dessa terra e a superação que eles alcançaram. Nos primeiros versos, o índio Rerigtibá diz que "mandam-me os meus parentes" (v. 19) para a recepção, revelando sua insatisfação ou frustração, pois, conforme indica o texto, seus parentes não vieram à recepção. De fato, os anfitriões (índios de Rerigtibá) não estavam concordes com tantas nações possivelmente inimigas em suas terras. Essa dificuldade em pacificar tantas nações, que nessa missão possuem terras divididas, será a prece que José de Anchieta faz à Maria Tupansy.

No segundo verso, o índio Rerigtibá dirige sua atenção à igreja da Missão, saudando o dono da casa (Principal da aldeia), representado pela igreja (*Tupãoca*), e fazendo referência à existência de pinturas – desenhos de flores em estilo azulejo português e outros adornos no arco cruzeiro no tom de pintura corporal (vermelho e preto), divididos em dez quadrantes por desenho de cordas, com colorido original nas cores azul e amarelo, em fundo branco produzido de cal de ostra, obedecendo a três moldes que se estendem nos dez quadrantes (Pedreira, 1998, p. 103). Na fala do índio Rerigtibá, fica evidente a forma original como se dá a relação do Jesus-Tupã (Principal da aldeia) e os índios da aldeia, pois as pinturas na Igreja transmitem a ideia continuada que faz da Igreja extensão do corpo do índio por causa dessas pinturas. Portanto, na Igreja o índio se reconhece como membro do corpo de Cristo, cujo adorno se escreve no seu próprio corpo pelos sacramentos. Tal criatividade é chave original da catequese anchietana que articula liturgia e eclesiologia.

Nesse diálogo, o índio Rerigtibá confessa ser *Tupansy* a protetora de seu povo, mas lamenta por apavorar a Virgem com seus muitos pecados marcadamente confessos pela falta de união entre as nações. De fato, não são somente a catequese e o zelo dos missionários que reunirão os povos da Missão, pois eles não conseguem suplantar sozinhos séculos de guerras e inimizades entre os povos. Nessa nota, aparece o principal pecado da aldeia, pecado que faz a casa de Rerigtibá tremer de medo. Armando Cardoso (1977) conclui em sua tradução que até a Virgem Maria se escandaliza com a grã vilania dos índios de Rerigtibá. Já Maria de Lourdes (1954) diz que quem se apavora com sua maldade são os próprios índios. Por sua vez, Eduardo Navarro (2004) segue a mesma lógica, fazendo seu orador dizer que a aldeia tem pecados variadíssimos, ficando todos a tremer.

O índio Rerigtibá reconhece que as guerras entre as nações o molestam muito e cita a guerra da aldeia de Maratauã (RJ), da qual quer participar, mesmo reconhecendo que, por amor à sua salvação, não deixará Rerigtibá. Na versão de Maria de Lourdes (1954) e de Armando Cardoso (1977), em dois momentos do espetáculo, o índio Rerigtibá fala em ter alma. Tal fato eleva imensamente o público, pois destaca que os frutos da catequese são alcançados, ou seja, que este índio se reconhece como membro da família humana. O índio diz que "sua alma se abrasa em devoção pela Mãe de Deus", afastando-se das guerras "por amor de sua alma e de sua salvação". No tocante à estrutura, Armando Cardoso (1977) faz uma alteração na disposição do último verso, para conservar o esquema usado no primeiro e terceiro orador, deslocando a prece por Maratauã da oração.

2. Reritiba

Reritiba, meu país,
Aldeias das boas gentes,
Mandam-me aqui meus parentes
Para ver a Mãe feliz.

Esta igreja nos arrasa
Com pintura que enfeitiça:
Por esta alma, que se abrasa,
Deixei ontem minha casa
Para aqui ouvir a missa.

Ver Maratauã em guerra
Molesta-nos mutuamente?
Por amor da alma contente,
Eu fiquei em minha terra.

Oração:
Vem a nós, Santa Maria,
De minha gente tutora:
Ela sempre se apavora
De sua grã vilania.
(Colóquio *Xe Paratiy suí* - Quarto Ato, vv. 17-33)

O terceiro orador é o índio Tupinambá, originário do norte (Bahia), onde se iniciou o trabalho missionário da Companhia de Jesus. Ele se anuncia por sua valentia, dizendo que o "bispo" e seus companheiros, todos os temem muito por lá. Veio à Missão junto com alguns padres,

Capítulo 2

por isso canta a grandeza da conversão do gentio pela instalação das primeiras aldeias cristãs no Brasil. Em seu canto, os tradutores divergem quanto ao significado da palavra *paí-guassú* (que aparece ora como "bispo", ora como "provincial") e da palavra *mombaeté*, traduzida tanto por "temer" como por "estimar". Armando Cardoso (1977) e Maria de Lourdes (1654) traduzem as palavras *mombaeté* e *paí-guassú* por "temer" e "bispo". Já na tradução de Armando Cardoso (1984) e na de Navarro (2004), as mesmas palavras por "estimar" ou "honrar" e "provincial". Conforme o nosso estudo, acreditamos ser mais acertada a segunda tradução.

Na fala do índio Tupinambá, aparece o dom recebido pela catequese, pois "padres amigos", ou melhor, padres da Companhia os conduziram a deixar os usos antigos. O índio Tupinambá também nos dá os instrumentos de sua conversão, já que Armando Cardoso (1977) traduz a palavra *oroñemboébo* como "exercícios". Na tradução de Maria de Lourdes (1954), Armando Cardoso (1984) e Eduardo Navarro (2004), é utilizada a expressão "instrução".

A opção por "exercícios" em vez de "instrução" se justifica, primeiro, por haver na correspondência do Pe. Nóbrega informação referente à prática de Exercícios Espirituais nas aldeias da Bahia (Nóbrega, 1988, p.158) e, segundo, por entender que o livro dos Exercícios Espirituais é dirigido para aqueles que os dão (orientadores), sendo, portanto, "instruções". Contudo, não deixando dúvida sobre sua opção, Armando Cardoso (1977) constata, no esquema desenvolvido por José de Anchieta, referência ao colóquio mariano da Contemplação das Duas Bandeiras nos Exercícios Espirituais (EE 147).

Como narra o índio Tupinambá, dentro das igrejas e com "exercícios", vão revelando o Deus real, destruindo nos índios os velhos vícios. Aqui temos mais uma informação importante, porque as igrejas não eram pensadas como espaço catequético, possuindo nave única (Carvalho, 1982, p.131). A igreja de Nossa Senhora da Assunção de Rerigtibá e uma réplica sua de menor porte em São João da Aldeia (RJ) são os únicos templos que diferem no plano arquitetônico geral da Companhia, adotando três naves, isto é, oferecendo espaço adicional para a catequese. Portanto, a informação que o índio Tupinambá nos dá diz respeito à dinâmica catequética adotada na Missão de Rerigtibá.

No final de seu discurso, nosso orador, o índio Tupinambá, pede sua graça e, como sujeito coletivo, inclui não só seus índios do norte, mas toda a Missão de Rerigtibá em seu pedido. Claro, como se lesse a letra dos Exercícios Espirituais, pois pede à Virgem que "bondosamente lhes alcance a graça do seu Filho e, em boa hora, possa ver meu Pai Tupinambá (Deus Pai)". Conforme ensina Santo Inácio nos Exercícios Espirituais da Meditação das Duas Bandeiras, "que a Virgem nos alcance a graça do Filho e que o Filho nos alcance isso mesmo do Pai" (EE 147). Portanto, neste espetáculo temos uma aplicação direta da letra inaciana respondendo a intuição de Armando Cardoso (1977), pois o índio Tupinambá é quem recita o colóquio mariano dos Exercícios.

3. Tupinambá

Sou o grande Tupinambá:
O bispo e seus companheiros [provincial]
Os cristãos, povos inteiros,
Me temem muito por lá. [honram]

Nossa gente em outras eras
Seguia os usos antigos.
Vieram padres amigos
Anunciando a Deus de veras.

Na igreja com exercícios
O bem nos vão ensinado,
E o Deus real nos mostrando
Destroem os velhos vícios.

Venho pedir, maltrapilho,
A Santa Maria a graça
Que pra nós benigno faça
Seu formosíssimo Filho.

Oração:
Transpondo o oceano agora,
Por ver-te, vim até cá:
Vem, ó nossa protetora!
Pudesse ver-te em boa hora
O meu pai tupinambá!
(Colóquio *Xe Paratiy suí* - Quarto ato, vv. 34-54)

2.5.1.5 Quinto ato – Hino *Jandé kañemiré* (Beijo da imagem e despedida)

| Hino *Jandé kañemiré*: Manuscrito: 25 v.; Maria de Lourdes (1954, p. 554); Armando Cardoso (1977, p. 257); Armando Cardoso (1984, p. 199); Eduardo Navarro (2004, p. 86) |

A canção *Jandé kañemiré* ("Cantiga por querendo o alto Deus") é a que melhor reflete a forma como José de Anchieta trabalha os elementos da rica cultura tupi em sua mariologia. Nesse cântico aparece mais claramente seu hibridismo e o deslocamento próprio de sua mariologia. Ao chegar ao cume do espetáculo, é possível reconhecer como os diversos elementos se acomodam à sua personagem, ressaltando sua riqueza indígena e teológica. Nesse esforço, reconhecemos a decolonialidade de sua mariologia, pois Maria aparece no imaginário colonial como a "conquistadora", originando uma ambiguidade teológica no discurso catequético e gerando uma imagem ainda mais ambígua para o indígena (Dorado, 1992, p. 36). Os vários elementos novos que José de Anchieta introduz nesse fechamento fazem com que o espetáculo tenha um novo início, pois há uma personagem que ele quer apresentar que não se reduz aos interesses políticos de Portugal quando celebra a Virgem da Assunção.

Como afirma Aguiar (1998), chegamos à apoteose, ao ponto mais alto do espetáculo, em que José de Anchieta conclui sua apresentação de Maria aos índios, revelando, finalmente, sua identidade, missão e matriarcado a eles. De acordo com sua catequese, ela é recebida como filha da aldeia e responsável pela casa de Tupã (aquela que introduz os índios na amizade com Deus). A mulher mais linda dos povos tupis, a Mãe de Tupã, o Principal da aldeia, aquela que guarda sobre seus cuidados a Missão e seus filhos. Nesse hino, José de Anchieta descreve os fatos mais significativos de toda a mariologia tradicional para enaltecer os méritos de Maria e destacar sua relação umbilical com os índios do Brasil: sua maternidade divina, sua intercessão poderosa e seu papel eclesiológico-escatológico.

Mais do que instrumento para uma mariologia social, José de Anchieta desejou apresentar fiel e criativamente sua devoção, adotando como ponto de aderência a língua, sua organização sociopolítica, os costumes indígenas e o papel da mulher nas aldeias tupis. De fato, o teatro anchietano é um mundo de indianismos – não literariamente fictício – extremamente idealizado como o apresentado pela escola romântica, porém real como se vivia então (Cardoso, 1984, p. 79).

O ato final caracteriza a despedida por um gesto de piedade que é o beijo da imagem. Essa prática é recorrente nas recepções que José de Anchieta preparara até então, pois, após a bênção do visitador, os índios beijavam-

-lhe a mão. Todavia, nunca antes se teve notícia, nem na correspondência da Companhia nem em outra ocasião, de tal prática como devoção popular a Maria. Tal fato reforça ainda mais a forma como os índios recebem a imagem, isto é, como uma pessoa de fato, que tem autoridade e que exerce seu mando sobre eles.

> Por grande amor a nós, os pecadores,
> Tupã fez uma santa excelsamente,
> A mais linda de toda a nossa gente
> E toda a enriqueceu dos dons melhores.
>
> Dizendo "seja minha mãe querida",
> Entre toda mulher a fez eleita,
> A engrandeceu com afeição perfeita,
> E encheu de grandes bens a sua vida.
> (Hino *Jandé kañemiré* - Quinto ato, vv. 1-8)

Como o imaginário religioso tupi é marcado pela necessidade de mediações e mediadores, temos Maria como mulher idealizada que nos é dada para a contemplação. Em conformidade com a alma tupi, o que há de mais sublime neles são o carinho e o cuidado que eles têm pelas crianças pequenas. José de Anchieta introduz tal elemento na sua poesia quando insiste que nela se encarna Tupã feito um lindo pequenino. Nessa versão, Armando Cardoso (1977) e Maria de Lourdes (1954) traduzem por "Virgem" a expressão que Armando Cardoso (1984) traduz por "nasce sem a forçar" e Eduardo Navarro (2004), por "corrompê-la". Nesse ponto, a Virgem de Rerigtibá supera a iconografia da Virgem da Assunção, pois ela ostenta diante dos índios seu Filho, sua entronização é a apresentação de Jesus-Tupã como Senhor da aldeia, colocando ponto final ao reino de *Anhangá*.

Tal inimizade entre a Virgem e *Anhangá* é traduzida por Maria de Lourdes (1954) na expressão "Santa Maria, inimiga do mal", o que Eduardo Navarro (2004), por seu turno, traduz por "Santa Maria é o nome, inimiga do diabo", e Armando Cardoso (1984), por "Santa Maria, nome infernicida". Como veremos, Armando Cardoso (1977) não repete a expressão "Santa Maria" presente no manuscrito anchietano, mas opta por dar relevo ao nome bendito de Maria. Os demais tradutores não são menos ousados quando tentam reconhecer o lugar que José de Anchieta dá à Maria no projeto da salvação, insistindo em sua potência contra o mal. José de Anchieta a chama de "Senhora da Vida" na tradução de Eduardo Navarro (2004) e, ainda mais, "dona do que é vida" na tradução de Armando Cardoso (1984).

> Deu-lhe nome "Maria", co'apotência
> De derrotar o mal, e filha e irmã
> A criou para ser a Mãe de Tupã
> Do Senhor imortal da existência.
>
> Nela encarna Tupã, feito menino,
> E nasce duma Virgem. A extirpar
> Nossas misérias, vem nos visitar,
> Querendo ser um lindo pequenino.
> (Hino *Jandé kañemiré* - Quinto ato, vv. 9-16)

O manuscrito anchietano inicia seu próximo verso com a proclamação do nome poderoso de "Maria", afirmando que ela derrota o mal e seu terror. Essa é a única vez no manuscrito que seu nome é pronunciado, seguido do termo tupi usado para designá-la: "Maria Tupansy" – Maria, Mãe de Deus. Todavia, as diversas traduções marcam essa particularidade de formas diferentes. Na tradução de Maria de Lourdes (1954), "Maria é a Mãe de Deus, que expulsa o demônio inimigo, que é seu receio". Já Armando Cardoso (1984) afirma: "Mãe de Tupã, Maria é vencedora, de *Anhangá* inimiga, e seu terror". Por fim, Eduardo Navarro

(2004) traduz: "Maria, Mãe de Deus, vencedora, inimiga do diabo, causa do seu temor".

Fazendo alusão à cultura guerreira dos índios e ao fato de as mulheres acompanharem seus maridos nas guerras (Anchieta, 1984, p. 72), José de Anchieta também coloca Maria no fronte de batalha, no Hino *Jandé kañemiré* - Quinto ato, v. 17: Ela é "Nossa amiga ao lutar, nosso valor", na tradução de Armando Cardoso (1984), é "Nossa companheira de lutas, nossa fortaleza", na tradução de Maria de Lourdes (1954), e é "Nossa companheira das guerras, causa de nossa bravura", na tradução de Eduardo Navarro (2004). De fato, a Virgem luta em favor dos indígenas, sendo o "nosso modelo de virtude", na tradução de Maria de Lourdes (1954), ou a garantia para "a vida boa nossa prometida", na tradução de Armando Cardoso (1984), que identifica a palavra "virtude" pela tradução tupi para Evangelho (Vida Boa).

O hino termina apelando aos presentes que amem todos "Santa Maria", expressão mais primitiva da tradição ibérica e nome dado a todas as festas marianas em Portugal, e, como prova desse amor, coloquem sua lei nos corações para que se detenham neles as tentações, esmagando o diabo em sua via. Em nota, Eduardo Navarro (2004) sinaliza que a palavra *Py'a* significa, de fato, "fígado" e não "coração", que em tupi antigo se escreve *nhy'ã*. A questão é que os antigos índios da costa do Brasil admitiam que o órgão sede das emoções era o fígado, e não o coração. Portanto, uma tradução literal, neste caso, resultaria ininteligível.

> Mãe de Tupã, Maria, que derrota
> Anhangá o inimigo e seu terror,
> Companheira de lutas, seu vigor,
> Nos ensina a virtude em nossa rota.

> Amemos todos nós, Santa Maria,
> Metendo sua lei nos corações
> Nos desvie do mal e tentações,
> Esmagando anhangá em nossa via.

2.6 A Virgem de Rerigtibá

José de Anchieta irá se apropriando progressivamente dos "estereótipos rituais, míticos e culturais" dos povos indígenas, sendo capaz de oferecer uma nova chave de interpretação por meio de um novo artefato híbrido. À luz de sua experiência mais original nas Ilhas Canárias, sua apresentação vai ao encontro de uma demanda que coloca Tupã na aldeia como seu Principal, conferindo à *Tupansy* uma função social delimitada. Como afirma Burke (2006), na origem dos artefatos híbridos podemos encontrar semelhanças comungadas por sua representação e sentido nos espaços sociais de sua produção, podendo ser identificadas na música, na religião, na língua (Burke, 2006, p. 26).

Conforme nossa leitura, as referências de raiz com a Virgem de Candelária são evidentes, primeiro, na forma como os *guanches* recebem a imagem da Maria em sua terra, isto é, como uma pessoa concreta e como mulher em seu ambiente cultural. Outro elemento significativo é a datação de 15 de agosto, festa de Candelária para os nativos de Tenerife (com a conquista espanhola das ilhas, os espanhóis passam a celebrá-la no dia 2 de fevereiro). De fato, José de Anchieta nasce 14 anos depois da conquista das ilhas, mas, conforme nossa leitura, ele segue devedor da data festiva dos *guanches*, os herdeiros da Candelária. Esse fato deve ser o elemento que vincula José de Anchieta à Padroeira Nacional de Portugal (Nossa Senhora da Assunção), pois, quando ele faz voto de perpétua castidade diante da Virgem de Coimbra, de fato, ele tem em mente a Virgem de Candelária. Quando José de Anchieta diz, "Rerigtibá meu país", ficam evidentes os vínculos que fazem dessa igreja e dessa imagem seu lugar de aderência aos índios e aos *guanches*.

    Outro elemento importante está no fato do registro do *Tombo de Itapemirim* (1880) não deixar claro o nome do orado da missão de Rerigtibá, reduzindo-se a dizer que a igreja foi feita para "aquela Senhora". De fato, a imagem de *Tupansy*, na forma do espetáculo, constituiu novidade até para os jesuítas que atuam em Rerigtibá, oferecendo uma realidade nova que não conseguiram nomear. Conforme a tradição oral, José de Anchieta colocou em Rerigtibá uma imagem de sua devoção – diz a lenda que essa imagem estava sempre com ele em seu barco enquanto provincial. Segundo as Chronicas da Companhia de Jesus (1865), havia uma aldeia dedicada à Nossa Senhora da Assunção de Tapépitanga na Bahia [1561] (Vasconcelos, 1865, p. 26). De fato, é curioso pensar que os inacianos tiveram dificuldade em reconhecer a iconografia da Virgem de Rerigtibá.

    A novidade do *Auto da Assunção* (1590) está no salto que José de Anchieta dá comparado com o *Auto de Guarapari* (1585). Mesmo partindo da festa da Assunção, a Virgem de Rerigtibá não se fecha à nomeação dada por seus pesquisadores. Como José de Anchieta não colocou título nesse espetáculo, não podemos desconsiderar os elementos iconográficos que ele coloca em cena. Mesmo que no *Auto de Guarapari* (1585) os demônios e a alma do índio *Pirataraka* chamem a Virgem de *Tupansy*, o auto não deixa dúvida que a imagem é da Imaculada Conceição na abertura e fechamento do espetáculo (Anchieta, 1977, p. 205-234). No caso do *Auto da Assunção* (1590) José de Anchieta introduz vários elementos no final do espetáculo deixando clara sua novidade, pois supera os elementos iconográficos da Virgem da Assunção quando coloca Maria mostrando seu Filho lindo aos indígenas. Esse fato, antes que adorno ou piedade, aponta claramente a uma imagem que traz nos braços seu benditíssimo Filho, isto é, mais aproximada ao modelo tradicional que evoca sua maternidade como se vê na tradição medieval e na imagem de Candelária.

Se nossas intuições estiverem corretas, a imagem de Maria Tupansy está comprometida com um projeto catequético bem delimitado, isto é, visa construir um novo saber pessoal e coletivo que articule tamanha diversidade a partir dos valores mais profundos que ordenam o imaginário indígena marcado por resíduos de uma cultura matriarcal que confere à mulher papel ordenador nas aldeias[5]. Como a Virgem de Candelária é a evangelizadora de sua terra conquistada (Tenerife), José de Anchieta quer que Maria será caminho seguro para que seu Filho Jesus encontre lugar definitivo no coração dos índios do Brasil. Para isso, a partir desse imaginário, José de Anchieta desenvolve três elementos teológicos fundamentais para sua mariologia: a maternidade divina, sua poderosa intercessão, a eclesiologia - escatologia. O pesquisador Armando Cardoso (1984, p. 79-80) é quem facilita a reflexão que fazemos em cinco pressupostos:

1. José de Anchieta escreveu este canto não para os leitores atuais do auto, mas, sim, para os indígenas, isto é, para ser seu canto, sua voz, sua expressão de louvor e devoção à Mãe de Deus. Ele não precisava incluir nesse texto imagens ou elementos que lhes eram estranhos ou triviais, pois,

---

[5] Nota-se uma diferenciação na língua de homem e mulher, isto é, resto de uma antiga tradição matriarcal. Assim a mãe chama o filho de *membýra*, enquanto o pai o chama de *taýra*. José de Anchieta faz uso destas expressões desta forma: *Tupansy mémbýra* (Filho da Mãe de Deus) e *Tupã taýra* (Filho de Deus).

como conhecia a fundo a mentalidade indígena, não quis algo exótico. As alegorias falavam por si (elas apresentam uma mulher como líder dos povos indígenas).

2. José de Anchieta quis proporcionar ao índio aquilo que de fato era novo para sua cultura: um acréscimo humano-espiritual a partir da experiência de um Deus pessoal-comunitário, de forma compreensível a sua inteligência e que elevasse sua imaginação e sensibilidade. Com a introdução da Virgem da Assunção (*Tupansy*), José de Anchieta promove uma inversão, trazendo o céu à terra e levando os índios da terra ao céu.

3. José de Anchieta soube explorar e valorizar o que havia de melhor na alma indígena, que é o amor aos filhos pequenos. É o menino Jesus que é especialmente apresentado aos índios como forte Senhor-Guerreiro que vence o mal, fazendo dos índios filhos de Deus. Da mesma forma, ao insistir na beleza, na força e na grandeza de *Tupansy*, ele visa purificar o conceito de mãe marcado pelos aspectos sexuais (objeto de prazer).

4. Ao constatar o interesse dos indígenas por tudo o que podia ter valor vindo de além-mar, José de Anchieta incorpora à sua produção catequética a sonoridade, a simbólica e a rítmica indígena. Irá incorporar seus saberes, seus dramas e conflitos para prender seu público e valorizar seu caráter lúdico e festivo. A forma como ele concebe sua mariologia coloca a Virgem Maria como parte integrante da vida da aldeia, diferentemente do modelo colonial que a concebe sempre separada e acima.

5. José de Anchieta toma seu ambiente simbólico de espíritos e demônios para promover a superação da cultura do medo, de superstições etc. Será a Virgem quem expulsa com seu valor as forças do mal, fato que encantava deveras os indígenas. Outra imagem explorada se funda no fato de as mulheres acompanharem seus maridos na luta: a *Tupansy* será, portanto, a companheira na luta contra *Anhangá* (Demônio).

O esquema usado por José de Anchieta no espetáculo não é linear, mesmo conservando em sua apresentação etapas de maior exaltação, clímax e distensão. A rigor, o espetáculo exige que voltemos sempre ao começo, porque começa celebrando o final da vida da Virgem e a nossa meta última. Ao adotar o rito de acolhida nas aldeias tupis, José de Anchieta surpreende, invertendo os papéis nesse rito e colocando a Virgem em saudação lagrimosa. Tal criatividade estabelece novo laço que interfere na relação entre hóspede e anfitrião e oferece uma nova chave de interpretação para o indígena. Ao agir assim, José de Anchieta acomoda a imagem da *Tupansy* às características de mulher, mãe, esposa do Principal e senhora da aldeia.

Conforme seu esquema, tudo o que podemos afirmar sobre nossa personagem depende da interface com o público e as personagens do espetáculo, pois a Virgem que está sendo apresentada só ganhará uma forma mais acabada no desfecho da apresentação. Tal intuição também é reconhecida por Armando Cardoso (1984) ao não restringir o conceito de *Tupansy* à expressão "Mãe de Deus", como fazem os outros tradutores. Segundo esse esquema aberto e circular, em cada ato algo se desvela ou se esconde, não nos privando da tarefa de continuar contemplando. De fato, José de Anchieta escreve no coração dos índios do

Brasil o nome daquela que é mulher, indígena e Mãe, que invocamos continuamente.

Iniciaremos o próximo capítulo comentando a dificuldade inicial enfrentada pelos missionários com o conceito de Tupã e a saída mariológica encontrada por José de Anchieta com o *Auto da Assunção* (1590). Em seguida, apresentaremos a teologia interna ao espetáculo e, por fim, como tais conteúdos se articulam no projeto catequético da Companhia de Jesus.

A apresentação de Maria Tupansy
aos índios do Brasil

Capítulo 3

A apresentação de Maria Tupansy aos índios do Brasil

José de Anchieta levou a peito a construção de sua mariologia a partir da tradição patrística, das reelaborações pias da Idade Média referentes à piedade popular e à Assunção de Maria, e dos conflitos da Reforma Protestante na segunda metade do século XVI[1]. Na Idade Média e mesmo dentro da patrística, surgem várias obras piedosas de devoção mariana, de fácil penetração e apelo popular. Parte dessas obras, mesmo contendo lacunas e não integrando o cânone bíblico, serviu de base para alimentar a crescente imaginação popular a respeito da figura de Maria (Murad, 2017, p.17).

A maioria dos tratados de mariologia que ainda hoje são utilizados surge na segunda metade do século XVI, em reposta ao corte radical que a Reforma Protestante operou, centralizando a salvação em Cristo e desconsiderando o lugar da devoção e a mediação de santos e santas. Essa cisão é o principal fato que produzirá um culto marial separado de Jesus dentro da Igreja, colocando as bases para uma ciência de Maria (Mariologia, um termo cunhado por Plácido Nígido, em 1602). Caberá ao Concílio de Trento (1546-1563) levar a sério o desafio de repropor a devoção aos/às

---
[1] Seu tratado de mariologia é, de fato, o *Poema da Bem-aventurada Virgem Maria* (1988), obra de juventude que descreve ricamente a vida da Virgem na medida em que responde aos reformadores e a seus erros e equívocos. Conforme a tese *José de Anchieta é o primer mariólogo jesuíta* de José Maria Fornell (1997).

santos/as, evitando os equívocos, o lucro sórdido e a lascívia na prática devocional popular (Trento, 1781, p.345-347).

O primeiro tratado mariano foi elaborado por Francisco Suárez (1584) – por meio do método dedutivo e pela prática de silogismos –, acrescido de argumentos de convencimento e apelando para aquilo a que se chamou "privilégios de Maria", expressado pela máxima "Deus podia, convinha que fizesse e logo fez" (Murad, 2012, p.18).

Contemporâneo de Suárez, surge o *Auto da Assunção* (1590), com temática mariana abordada em outra perspectiva. Não sendo um tratado estrito de mariologia e não tematizando os conteúdos que fazem referência à Contrarreforma, revela-se como uma obra devocional que visa apresentar fiel e integralmente a Mãe de Deus aos índios das missões jesuíticas. Em sua dinâmica, ressalta Maria por analogia a *Tupansy*, conferindo-lhe um lugar social, pedagógico e ordenador na vida da aldeia.

Neste capítulo, temos por objetivo demonstrar a "Maria" de José de Anchieta e a articulação por ele realizada com elementos da cultura indígena integrando sua formação europeia no contexto teológico com vistas ao desenvolvimento da Missão. Para tanto, apresentaremos os elementos marianos, notadamente de Nossa Senhora da Assunção, na patrística e na época tridentina. Em seguida, trataremos da devoção mariana portuguesa que marca o período da colonização no Brasil e sua aproximação ou distanciamento da personagem que apresenta José de Anchieta. Essas são perspectivas que caracterizam a formação de Anchieta.

3.1 Maria na simbólica dos Padres da Igreja

A devoção a Nossa Senhora da Assunção remonta aos primeiros séculos do cristianismo, de forma implícita ou explícita, no ensinamento dos Padres da Igreja. Será no segundo período da patrística, no século III, que o pensamento teológico sobre Maria surgirá em decorrência das elaborações dogmáticas cristológicas relativas à "maternidade cheia de mistérios" e à "virgindade mirífica de Maria"[2]. As heresias gnósticas respondidas por Orígenes de Alexandria na carta contra Celso estão na origem dessas definições mariológicas, pois negavam a milagrosa ação do Espírito Santo em Maria. Celso foi o primeiro polemista contra os cristãos entre os séculos I e II. O que podemos acessar de sua obra hoje foi resgatado dessa resposta de Orígenes. Sobre o nascimento de Jesus de uma virgem, disse Celso: "Jesus nasceu em uma cidade pobre e de uma mulher que ganhava a vida tecendo, que engravidou de um soldado romano de nome Pantera e que foi acusada pelo marido carpinteiro de ser adúltera" (Müller, 2015, p. 169, 237)..

Na simbólica usada pelos Padres, é frequente apresentar Maria em relação à Igreja, isto é, fazendo ver a Igreja em Maria e Maria na Igreja. Tal imagem foi retomada pelo Concílio Vaticano II (1962-1965) no documento *Lumen Gentium* (LG), interferindo diretamente na imagem da Igreja como servidora (LG n. 53). Para os Padres, essa alegoria faz ver de forma antecipada o mistério da salvação da Igreja em Maria, pois sua vida e os outros dogmas marianos figuram como seu único destino (Iwashita, 1999, p.70).

---

[2] É implícita a Assunção no princípio da recapitulação, explicitamente ensinado no século II por São Justino e por Santo Irineu. Desse princípio, deduz-se que Maria, o oposto de Eva, reparadora da ruína de Eva (o pecado e, como pena do pecado, a morte), não podia ser sujeita àquela mesma ruína da qual Ela com Cristo devia libertar-nos. Também é implícita a Assunção – cheia de mistério e de uma virgindade mirífica – nos princípios da maternidade, explicitamente ensinados no século II por Santo Inácio de Antioquia, São Justino e Santo Irineu. O corpo de Maria, consagrado com mistérios tão elevados, tão transcendentes, não podia ser presa da decomposição da morte. A preservação da corrupção do parto reclamava a preservação da corrupção da morte.

Capítulo 3

O *Auto da Assunção* (1590), como apresentação teologal da Virgem Maria aos índios, comporta diversos elementos da patrística, tais como a "maternidade divina", a "perpétua virgindade" e a devoção popular posterior da gloriosa "Dormição de Maria" (*Koimesis*, na expressão medieval, de estilo mais poético e lírico, para designar a morte de Maria). Conforme nossa leitura, mesmo fazendo uso da expressão *Tupansy* em outras obras teatrais, a elaboração dada por José de Anchieta nesse espetáculo nos permite afirmar a influência patrística ao exaltar Maria como a sua *Theotókos* tupi. A dialética profunda que a patrística produz e a figura da mulher nas aldeias tupis serão o escopo usado por José de Anchieta para desenvolver sua obra teatral.

> A maternidade divina de Maria é o dogma que encontra mais consenso entre as Igrejas cristãs devido à base bíblica e ao fato de ser formulado num concílio ecumênico dos primeiros séculos. Para a Igreja Ortodoxa, *Theotókos* não é um título opcional de devoção, mas a pedra de toque da verdadeira fé na encarnação. Negá-lo é colocar em questão a unidade da pessoa de Cristo como Deus encarnado (*Kallistos Ware*). A pessoa e a vocação de Maria só podem ser compreendidas à luz de Cristo. (Murad, 2012, p.144)

Nesse itinerário de consolidação da *Theotókos*, destaca-se a contribuição de Inácio de Antioquia (107), que, quando levado à cidade de Roma para ser martirizado, escreveu sete cartas nas quais mostra o evento salvífico apoiado na maternidade divina da nova Eva (Virgem Maria). São Justino de Roma também defenderá a concepção virginal. Para ele, entre Eva e Maria há um paralelo e um contraste, pois, nos dois casos, uma mulher tomou uma decisão que teve consequências para toda a humanidade. O paralelismo feito por Justino entre Eva e Maria será retomado no pensamento de vários Padres, colocando as bases para a segunda fase da patrística.

> Sugere-se aqui, com base na tipologia paulina de Adão-Cristo, uma contraposição entre a desobediência (= incredulidade *voluntária*) de Eva e a obediência crente de Maria (Rm 5,19). Uma vez que Deus associou sua encarnação com a livre disposição de Maria de ser a mãe do Filho de Deus, a resposta afirmativa de Maria (Lc 1,38) não é certamente a causa da encarnação e da redenção, mas um *medium* criador e assumido por Deus para sua realização histórica. (Müller, 2015, p.349)

Irineu de Lião terá papel fundamental, evidenciando o caráter soteriológico do "sim" redentor de Maria. Contra o dualismo gnóstico, visão de mundo que tem como princípio a existência de duas divindades: uma boa e outra má, ou melhor, dois princípios como autor do mundo material (Müller, 2015, p.141), Irineu argumenta existir um só princípio, isto é, um só Deus como princípio de unidade da criação e da redenção, superando o perigo percebido pelos apologetas na dualidade entre o bem e o mal e entre a criação e a história da salvação que estão entrelaçadas. Deus não criou o homem para tirá-lo da solidão, mas, sim, para torná-lo participante de sua boa ação, pois o fundamento da criação é o amor de Deus que se revela em sua autocomunicação.

A unidade histórico-salvífica entre a criação e a redenção em Irineu constitui um processo que aponta para sua consumação exterior, passando pelas diversas fases de sua evolução não como processo genético, mas como amadurecimento da liberdade pessoal na dramaturgia da história da salvação, que se dá tanto no nível histórico quanto no escatológico. Por isso, ao adotar a ideia expressa em

At 3,21, Irineu postula uma restauração de todas as coisas que Deus realiza, no final, em Jesus Cristo. Por meio de sua teologia trinitária, Irineu propõe superar a tese dualista, afirmando a autocomunicação de Deus revelada na origem e no fim da história a partir de Jesus Cristo (Müller, 2015, p.141).

Tal relação, constatada já em Justino no antítipo da desobediência de Eva e da obediência crente de Maria, encontrará em Irineu de Lião uma formulação convincente:

> Que o Senhor chegaria visivelmente à sua propriedade e que a sua própria criação, por Ele sustentada, sustentaria a ele, e que recapitularia a desobediência no madeiro mediante a obediência no madeiro e eliminaria aquela tentação a que tão perversamente sucumbiu a virgem Eva, que já estava destinada a um homem – isto foi convenientemente anunciado pelo anjo à Virgem Maria, que também já estava prometida a um homem. Assim como aquela foi seduzida pelas palavras de um anjo para que se afastasse de Deus e se fechasse à sua palavra, assim esta recebe através das palavras de um anjo o anúncio de que conceberá a Deus porque foi obediente à sua palavra. Ao passo que aquela foi desobediente, esta segue a Deus em livre vontade, para que a Virgem Maria seja advogada *(advocata)* da virgem Eva. E assim como o gênero humano ficou cativo da morte por meio de uma virgem, foi também por uma virgem libertado dela. De modo equilibrado, a desobediência da virgem foi revogada pela obediência da virgem. (Müller, 2015, p. 350)

Sua teologia nasce da contemplação do mistério salvador (economia), formulando temáticas que incidiram na reflexão sobre a Trindade, provocando a inserção de Maria no Símbolo da Fé. Embora não seja encontrado em Irineu o conceito "Mãe de Deus" – *Theotókos* – existem nele dois componentes fundamentais para estas afirmações: a "preexistência divina de Cristo" e a "economia da Virgem Maria" (Tutas, 2017, p.52-55). Portanto, na perspectiva de uma soteriologia[3] desenvolvida com base na encarnação, Maria aparece como companheira e auxiliadora de Cristo. De fato, a teologia de Ireneu influenciará diretamente a mariologia bizantina posterior, com foco na Ásia Menor.

A contribuição dos padres capadócios, a partir da tradição iniciada por Orígenes, é o que amplia a percepção mariana, na qual, com fundamento na escatologia cristã e em perspectiva trinitária, está incluída a missão de Maria e da Igreja. Os principais protagonistas são os capadócios Basílio de Cesareia (379), Gregório Nazianzeno (390) e Gregório de Nissa (394), que desenvolveram sua reflexão defendendo a virgindade e a maternidade divina de Maria (Tutas, 2017, p.57).

Como ressalta Maria Freire da Silva (2018), a contribuição dos padres capadócios ganha importância por preparar o caminho para as definições mariológicas posteriores com a expressão *Theotókos*.

> Embora [Gregório de Nissa] não ofereça um tratado sobre Maria, apresenta uma mariologia rica e radicada na tradição anterior, especificamente em Ireneu de Lião no que refere ao paralelismo: Eva-Maria. O tema sobre a maternidade virginal perpassa seus escritos, onde aparece o termo *Theotókos*. (Silva, 2018, p.616)

---

[3] Na concepção bíblica e patrística, é a doutrina da pessoa e da obra de Cristo, isto é, a doutrina da redenção estruturada a partir da união hipostática. Por causa do acento dado à aceitação subjetiva da graça em oposição ao pelagianismo, na teologia ocidental a redenção é tematizada sob dois pontos de vista, a saber: por um lado, a redenção objetiva por meio da encarnação do *logos* e da instituição da Nova Aliança mediante o sacrifício expiatório vicário de Cristo na cruz; por outro lado, a apropriação passiva da obra salvífica de Cristo pelos crentes no acontecimento da justificação e da santificação pessoal (Müller, 2015, p. 268-9).

Capítulo 3

Ao retomar a relação Eva-Maria, Gregório de Nissa trabalha sua reflexão em chave soteriológica por meio do conceito de *apocatástase*, termo criado por Orígenes de Alexandria (185-253) para designar a restauração final de todas as coisas em sua unidade absoluta com Deus – a redenção e salvação final de todos os seres, incluindo os que habitam o inferno. Para de Nissa, essa restauração nos é antecipada na Encarnação do Verbo de Deus, constituindo Maria templo de Cristo, templo do Verbo, a partir da narrativa da anunciação (Lc 1,26-38), isto é, restauração que preserva Maria do pecado e que está aberta à relação com a Igreja. É ele quem identifica a ressurreição prometida com o primeiro estágio dessa "recapitulação", porque nela nos é prometida a restauração dos caídos para seu estado original (Silva, 2013, p.251-252).

Será também Gregório de Nissa quem se negará a afirmar em Maria um parto doloroso em contraposição ao de Eva, pois tal ação se insere no âmbito do senhorio de Cristo sobre a lei natural (Silva, 2018, p.616). Ao usar a imagem da sarça ardente (Ex 3,3), vê a figura da divindade que a habita sem molestar. Da mesma forma, a partir da profecia dirigida ao rei Acaz (Is 7,14), o autor a compreende como profecia sobre a mãe de Deus sem marido, da carne sem pai, do parto sem dor, pois, ao nascer de Maria, Cristo não corrompe sua natureza, assim como, nascendo eternamente do Pai, o verbo não induziu naquele que o gerou nenhuma paixão ou mudança (Silva, 2018, p.617).

De fato, há uma dialética entre a maternidade divina e a maternidade virginal de Maria, que se conjugam a serviço da história da salvação enquanto firmadas no senhorio de Cristo. Maria torna-se espaço dessa realidade: assente nas alegorias bíblicas, Gregório a nomeia como sinal concreto da vitória contra o dragão (Ap 12). Ao pensar assim, contribui de forma original, por meio da analogia entre o parto virginal de Cristo e a geração eterna do Verbo, criando argumentos contra a heresia ariana, que afirmava ser Cristo a essência intermediária entre a divindade e a humanidade, negando-lhe o caráter divino e ainda desacreditando a Santíssima Trindade, com uma reflexão que está na origem dos Concílios cristológicos e na controvérsia sobre como se deveria chamar a Maria de Jesus – *Theotókos*. Com essa refutação, o autor estabelece as bases para a doutrina ascensionista.

Gregório de Nissa será um desses pioneiros na articulação entre a cristologia, a teologia trinitária e a mariologia, elaborando um discurso que vincula a figura de Maria a seu Filho e em íntima relação com a obra redentora. Por isso, em ambiente capadócio, as expressões "santa excelsa" e "sem pecado" adquirem relevância, uma vez que sua santidade está em sua consagração total a Deus, e sua mariologia elabora uma visão capaz de mostrar através da virgindade de Maria como é superada a morte que reinava em Adão (Silva, 2018, p.617-618).

Com o fim das perseguições, graças ao Édito de Milão (313), a Igreja passou a viver um período de paz. Por isso, como resposta aos desafios que as heresias produziam internamente, desenvolveu-se uma grande produção doutrinal. Nesse período, época de ouro da patrística, os Concílios ecumênicos de Niceia (325), Constantinopla (381), Éfeso (431) e Calcedônia (451) tomaram como discussão a pessoa divina e humana de Jesus, a divindade do Espírito Santo e a pessoa da Virgem Maria. Fixam-se, nesse contexto, os dois mais antigos dogmas marianos: a maternidade divina de Maria – *Theotókos*, declarada no III Concílio ecumênico, o de Éfeso (DH 251-252), e a virgindade perpétua de Maria, declarada no IV Concílio ecumênico, o de Calcedônia (DH 300 e 201).

> A expressão *Theotókos* (Mãe de Deus) já vinha sendo usada com certeza desde Alexandre de Alexandria (bispo de Alexandria entre 313-328), quando escreveu para se contrapor ao presbítero Ário, em torno do ano 320. Ário afirmava que Jesus não era da mesma substância divina que Deus Pai, por isso o seu bispo escreveu para contestá-lo usando a expressão *Theotókos*. Este termo se difundiu no século IV entre os capadócios e se tornou comum no final do século. (Moreira, 2017, p.174)

O Concílio de Éfeso foi convocado pelo imperador Teodósio II (408-450) por causa do desentendimento entre os bispos Nestório, de Constantinopla, e Cirilo, de Alexandria, sobre o nome a ser dado a Maria. Embora fosse comum a expressão *Theotókos*, o bispo Nestório defendia a expressão *Christotókos* (mãe de Cristo). No fundo, tal definição traz à tona outra questão que diz respeito à pessoa de Jesus: se ele era somente um homem, se ele era somente Deus ou se ele era verdadeiramente homem e verdadeiramente Deus. Após a tentativa do bispo de Roma, Celestino I (422-432), de resolver a questão, será em Éfeso que Cirilo de Alexandria sairá vencedor ao afirmar que em Jesus existem duas naturezas – a "união hipostática", doutrina cristológica postulada 20 anos mais tarde, no Concílio de Calcedônia (451), que afirma em Cristo duas naturezas, uma humana e outra divina: "sem confusão, sem mistura, sem divisão" (DH 301-302).

Inácio de Antioquia será o primeiro a falar de Maria e de sua maternidade virginal em suas cartas em contraposição aos docetistas, apresentando sua mariologia em íntima conexão com o mistério da encarnação. O docetismo era uma doutrina existente no século II, que negava a existência de um corpo material a Jesus Cristo, que seria apenas espírito. Essa ideia gnóstica previa que Jesus só tinha um corpo aparente ou uma vestimenta sob a qual se ocultava a divindade. O *logos* divino somente teria passado através de Maria, como a água passa através de um canal (Müller, 2015, p.351). Inácio de Antioquia defendia o nascimento biológico de Jesus, reivindicando a Maria o título de Virgem, pois nosso Senhor tomou carne em seu ventre. Dessa forma, ele insere Maria no mistério da salvação e prepara a posterior declaração de Calcedônia, dando à virgindade de Maria, à sua concepção misteriosa e à morte do Senhor o nome de "três grandiosos mistérios" (Silva, 2018, p.609-610).

Como o Concílio de Éfeso versou sobre as duas naturezas de Cristo, fez-se necessário convocar o Concílio de Calcedônia para esclarecer como se dava a unidade entre as duas naturezas. Portanto, aquilo que o Concílio de Éfeso havia afirmado em relação à Maria foi novamente proclamado, de modo solene, em Calcedônia, na fórmula do Símbolo da Fé.

Calcedônia oferece uma roupagem mais formal e jurídica à peça elaborada em Éfeso quando afirma: "o Filho que antes dos séculos é gerado pelo Pai segundo a divindade, nos últimos dias, do mesmo modo, por nós e por nossa salvação é gerado por Maria Virgem Mãe de Deus (*Deipara*) segundo a humanidade" (DH 301). A articulação feita pelos Padres confessa a bondade de Deus, que entra na história humana sem macular a criação. De fato, como diz Gebara (1987), o título Virgem ao lado da expressão *Deipara* ratifica e sublinha a definição, exprimindo em sentido pleno aquela que deu à luz o próprio Deus (Gebara, 1987, p.114).

Como afirma Moreira (2017), a acolhida às definições cristológicas feitas em Éfeso e Calcedônia foi logo sentida na pastoral e na piedade popular, suscitando inúmeras festas marianas.

> A partir do Concílio de Éfeso (431), começou a se desenvolver o ciclo de festas litúrgicas propriamente marianas. Até então as igrejas celebravam Maria ao interno das fes-

tas cristológicas. Um pouco antes deste concílio se celebrava a "memória da Virgem" em 26 de dezembro, na oitava de Natal. Depois de Éfeso (431) começou a ser celebrada em Jerusalém a festa em honra a *Theotókos* no dia 15 de agosto. (Moreira, 2017, p.175)

A definição da virgindade perpétua de Maria, que tomará a expressão já existente da "concepção virginal", vai ser proclamada no II Concílio de Constantinopla (553). Em seu credo se lê: "[O Filho] desceu do céu e se encarnou da santa e gloriosa *Deipara* e sempre Virgem Maria e dela nasceu" (DH 422). Essa definição comporta três diferentes afirmações: a concepção de Jesus sem que houvesse relação sexual ou qualquer outra forma de intervenção humana (concepção virginal), a opção de castidade feita por Maria após o parto (virgindade perpétua) e o acontecimento extraordinário no nascimento de Jesus (virgem no parto). O que o dogma quer dizer é que a encarnação de Jesus é uma nova criação de Deus, um presente divino à humanidade (Murad, 2012, p.152-153). Não contraria as relações sexuais, mas acontece por pura graça de Deus e esse dom se manifesta na participação de Maria, anunciando a radical novidade quando traz o Filho de Deus ao mundo (Mt 1,16.18-25; Lc 1,31.34s; 3,23). Levando em conta a tradição e reflexão dos Padres, Maria foi reconhecida como abençoada de Deus, isto é, toda dedicada de corpo e de alma à causa de Cristo e do Evangelho, não limitando sua maternidade à família diante do fato de não ter outros filhos.

> Não se trata, pois, de um dado antropológico que se passa, intimamente, entre Deus, uma mãe e seu filho. Mas a concepção virginal de Jesus em Maria abre para homens e mulheres de todos os tempos e de todas as épocas a perspectiva de um novo nascimento (cf. Jo 1,13). Jesus, o novo Israel que brota do seio da Virgem, é a semente do novo povo que é plasmado pelo Espírito no povo fiel do qual Maria é figura e símbolo. (Gebara, 1987, p.121)

De fato, a maternidade divina de Maria constitui sua missão essencial na história da salvação, chamando a nos engajarmos nos acontecimentos da história. Como afirma a *Lumen Gentium*: "Os santos Padres compreendem que Deus não se serviu de Maria como instrumento meramente passivo, mas julgam-na cooperadora para a salvação humana com livre fé e obediência" (LG n. 56). Em última instância, como nos lembra Clodovis Boff (2006), o título Mãe de Deus representa a dignidade máxima a que pode aspirar uma pessoa humana. Por isso, só a mulher, no caso de Maria, pôde ser geradora de Deus (Boff, 2006, p.462-466).

3.2 Maria na elaboração medieval e na teologia sociopolítica de Portugal

A devoção marial na Idade Média recebeu um grande impulso, com destaque para a obra *Vida de Maria*, escrita pelo monge Epifânio no final do século VIII[4]. A obra conjuga a piedade popular e a literatura edificante dos padres bizantinos em 26 capítulos, não repetindo o conteúdo dos evangelhos canônicos. Faz uso, de forma equilibrada e crítica, de textos apócrifos sobre a concepção virginal, a opção de celibato atribuída à Virgem e a "Dormição de Maria". Conforme a marca dos padres, a obra do monge Epifânio situa Maria no mistério de Jesus e da Igreja de seu tempo. Sua maior contribuição está em alimentar a devoção popular sobre a Assunção de Maria, revelando sua natureza eclesial e militante.

Segundo Murad (2019), a obra do monge Epifânio surpreende, pois, mesmo vivendo numa sociedade patriar-

---

[4] Não se deve confundir o monge Epifânio com Santo Epifânio, bispo de Salamina (séc. IV), que também escreveu sobre Maria, três séculos antes: *Os últimos dias da Virgem Maria* (Murad, 2019, p. 376).

cal, valoriza o protagonismo das mulheres ao citar várias delas em sua obra. Mostra a grande solidariedade de Maria que, sendo figura singular, não se coloca acima, mas, ao contrário, como ativa, trabalhadora, inteligente e com desejo de aprender, mostrando, assim, a dignidade e a força das mulheres. Mesmo exaltando o papel feminino, o monge não se distancia do lugar patriarcal dado à mulher no seu tempo, quando afirma que Maria fala pouco, obedece com prontidão e era modesta no trato com os homens. Sua relevância está no fato de revelar que, no final do período patrístico, já se encontrava bem desenvolvida a crença em três dogmas marianos: *Theotókos*, virgindade perpétua e assunção (Murad, 2019, p.399).

O que o monge Epifânio pretendia era organizar cronologicamente os acontecimentos sobre a Mãe de Jesus e purificar aquilo que lhe parecia contrário à reta fé cristã. Embora, nessa época, já houvesse sido consagrado o cânon das Escrituras, alguns textos apócrifos gozavam de grande reputação – Evangelho do Pseudo-Mateus (séc. IV), Evangelho da Natividade de Maria (séc. II), Protoevangelho de Tiago (séc. III), História de José (séc. IV ou V), Evangelho Armênio da Infância (séc. VI), Trânsito de Maria do Pseudo-Melitão de Sardes (séc. IV, mesmo datado no séc. VIII), Livro de São João Evangelista (séc. IV a VI) e Livro de São João, arcebispo de Tessalônica (Séc. VI). A obra do monge Epifânio não nega fazer uso desses relatos, mesmo levantando questões e denunciando seus excessos históricos e gravíssimos equívocos teológicos (como a narrativa do parto virginal de Maria, que está carregada de elementos mágicos, rejeitando que o Filho de Deus "se fez carne e veio morar entre nós"). Todavia, nesse resgate, Epifânio dá grande importância à passagem de Maria à Vida Eterna, um dos pontos altos da piedade mariana no Oriente a partir do século VII (Murad, 2019, p.380-83).

Por mais que tente ser sóbrio ao falar da "dormição", Epifânio não consegue ter o mesmo equilíbrio quando descreve os relatos da infância, pois a visão original desse evento está associada a uma vinda gloriosa de Cristo. Ainda que reconheça a morte da Virgem, ele lega à geração posterior uma visão triunfalista, que maximaliza os privilégios de Maria. Contudo, seu grande contributo não está tanto no esforço de explicar tais eventos, e sim em apresentar Maria como companheira de seu Filho e como modelo para os cristãos (Murad, 2019, p.398).

O caráter ascensionista da devoção mariana na Europa encontra lugar privilegiado na política nacionalista e no discurso militarista da luta contra os inimigos da fé, no século XI. Como afirma Boff (2006), nesse contexto, a figura de Maria foi um poderoso cimento e, ao mesmo tempo, uma vigorosa inspiração, a ponto de tornar-se o símbolo da cristandade e de a *Auxilium christianorum* (Auxiliadora dos cristãos), a esse título, entrar na luta contra seus opositores. Não por acaso, as diversas vitórias contra bárbaros e mulçumanos foram quase totalmente atribuídas ao socorro diligente da Mãe de Deus, tal como fez Bizâncio na Antiguidade e como fará a Espanha contra a influência islâmica (Boff, 2006, p.158).

Com o avanço do movimento da Reconquista na Península Ibérica, logo após a invasão árabe (711-726), movimento esse completado em Portugal no século XIV, foi possível recuperar os vários templos marianos que estavam em ruínas e recolocar seus oragos. Nesse período, a maior parte das catedrais ibéricas, salvo a de Dume, no norte de Portugal, eram dedicadas a Santa Maria (Costa, 1957, p.8-9). O processo de reconquista marial se estendeu e foi ganhando novas roupagens nas várias fases da reorganização, consolidação e expansão portuguesa. Não é à toa que Portugal dará para si, como fazem os diversos países da Europa ao manifestarem publicamente seu amor à Santa Mãe de Cristo, o título de "Terra de Santa Maria" (Boff, 2006, p.178).

> Quando, em 1095, o Papa Urbano II, em Clermont (França), decretou a primeira Cruzada, mandou que os clérigos recitassem nessa intenção, todos os sábados, o Ofício de Nossa Senhora. Os cruzados tomavam a Santa Virgem como companheira, guia e protetora. Depois da conquista de Jerusalém, em 1099, os cruzados entoaram em ação de graças a antífona *Salve Regina*. Foi com o mesmo canto que o povo respondeu à convocação que lançava São Bernardo, na Catedral de Speyer, para a segunda Cruzada. (Boff, 2006, p.158)

Como primeira ação do Portugal nascente, isso na separação do Condado Portucalense da Monarquia Leonesa, são restauradas as dioceses de Braga e Coimbra – igrejas-mãe dedicadas a Santa Maria. Nos anos seguintes, restauram-se ou criam-se ainda outras dioceses: a do Porto (1112), dedicada à bem-aventurada Virgem Maria; as de Lamego e Viseu (1147), e as de Lisboa (1148), Évora (1166), Algarve (1189) e Guarda (1203), todas voltadas para a devoção à Santa Virgem Maria. Contudo, no século XII, naquele primeiro momento do nascimento de Portugal, a diocese de Braga ocupará lugar de maior destaque no processo. Como sinal concreto da separação política e religiosa, D. Afonso Henriques, interessado em engrandecer imensamente a influência que a Igreja de Braga detinha sobre toda a região, concede o seu couto de família àquela "Senhora", em oposição à Igreja do Padroeiro da Península Ibérica (São Tiago de Compostela), em 27 de maio de 1128: "Assim como meu avô, el-Rei D. Afonso, auxiliou a construção da Igreja de Santiago, do mesmo modo dou eu e concedo a Santa Maria de Braga o direito de cunhar moeda para construir a sua Igreja (Costa, 1957, p.16).

Em Portugal, a devoção à Virgem Maria se consolidou a partir da decisão da Casa Real de Avis que, influenciada pelo frei Agostinho de Santa Maria, propôs a Dom João I, em memória da batalha de Aljubarrota (14 de agosto de 1385)[5], que todas as festas em louvor a Santa Maria[6] fossem celebradas em 15 de agosto (Boff, 2006, p.179). Com a aprovação do papa Bonifácio IX, consolida-se a devoção à Nossa Senhora da Assunção de Coimbra como primeira Padroeira Nacional de Portugal (Costa, 1957, p.36).

Todavia, mesmo antes de sua promulgação como festa nacional, quando se celebrava a festa de Santa Maria na região central da Gália (Igreja de Coimbra), a festa principal de Maria já estava associada à sua "morte e subida aos céus em corpo e alma". Essa festa, a princípio, era celebrada na metade de janeiro, segundo os testemunhos de São Gregório de Tours (538-594), e foi fixada posteriormente, pelo Imperador Maurício (582-602), em 15 de agosto. A nova datação faz memória da antiga festa da Mãe de Deus – *Theotókos* no Oriente, mas também não esconde seu significado social e político.

O registro mais antigo que temos da penetração dessa doutrina na Península Ibérica, com o nome de "Dormição da Virgem Maria", remonta ao século IV, no sarcófago paleocristão da cripta de Santa Engrácia de Saragoça. No final do século IX e no início do X, registra-se a inclusão definitiva dessa festa no calendário litúrgico hispânico com a adoção do novo Missal Romano. De fato, o potencial po-

---

[5] Dom João I, o Grande Rei de Portugal, fundador da dinastia de Avis, foi quem garantiu a independência da nação do domínio de Castela com a batalha de Aljubarrota – Nossa Senhora da Assunção ou da Vitória.

[6] A devoção à Virgem Maria em Portugal tinha por festa maior a "Maternidade Divina", no dia 25 de março (Festa da Anunciação à Virgem Maria). Após a vitória na Batalha de Aljubarrota (14 de agosto de 1385), D. João I decretou a Vigília da Assunção de Nossa Senhora festa nacional em Portugal.

lítico dessa devoção não passou despercebido pelo Imperador Maurício (582-602) nem pela Casa Real de Avis em Portugal.

Nesse contexto, marcado por vários interesses sociais, culturais e políticos, foi se dando a fusão entre Igreja e Estado na medida em que nascia uma nova mariologia. No mundo espanhol, tal contorno ficará ainda mais evidente com a chegada da devoção mariana às Américas, apresentada como a "Conquistadora"[7] em ambiente guarani (Dorado, 1992, p.34). Todavia, o que José de Anchieta desenvolveu, no final do século XVI, foi algo muito particular, que partia de sua própria devoção, da tradição dos padres e das culturas locais, distanciando-se da imagem medieval da "Conquistadora".

Conforme Dorado (1992), como as correntes teológicas em mariologia sempre foram múltiplas, destacam-se três características fundamentais:

1. Existe uma mariologia cristológica e outra eclesiológica, que fazem Maria ser estudada acentuando e sublinhando sua relação com Cristo e com a Igreja;

2. Uma mariologia maximalista e outra minimalista. A primeira se desenvolve na força da expressão *De Maria numquam satis* (de Maria não se consegue dizer tudo), ao passo que a segunda, por diferentes motivos, procura evitar a impressão de

---

[7] Mas, ao chegar às novas praias, Maria adquire imediatamente uma nova e original configuração, cuja expressão mais típica, no meu entender, e, ao mesmo tempo, mais ambígua, será a de ser considerada como "a Conquistadora". Assim se denominará, já nos primeiros anos, concretamente na Guatemala, a Virgem levada pelo mercedário frei Bartolomeu de Olmedo. É o mesmo nome que o Pe. Roque González, SJ dava à imagem da virgem que carregava em todas as suas correrias apostólicas no meio do mundo guarani.

que "junto ou a caminho da obra e dos títulos honoríficos de Jesus Cristo, há outro caminho paralelo, outra obra e outros títulos honoríficos análogos próprios de Maria";

3. Por último, há uma abordagem que desenvolve uma mariologia dos privilégios e uma mariologia da missão-serviço. A primeira encontra seu lugar propício no contexto da cristandade, marcado por interesses sociais e políticos da aristocracia; a segunda, por sua vez, começa a tomar sua força no mundo pluralista em que a Igreja está inserida, sublinhando sua original vocação e definindo a si mesma como "servidora".

Em linhas gerais, a Maria da fé da Igreja aparece única durante quase todo o primeiro milênio, fundada nas definições cristológicas e a partir do testemunho qualificado da atividade salvífica de Cristo no mundo. No entanto, a fé da Igreja sempre conservou uma referência mais dinâmica em relação a ela enquanto membro privilegiado e glorioso do seu corpo: nela se vê plenamente de que maneira opera a graça de Deus, que a "preservou do pecado original" e a conduziu à "consumação de seu corpo e sua alma", como sinal da predestinação eterna do ser humano para a graça e o serviço (Müller, 2015, p.355).

José de Anchieta foi capaz, mesmo inserido num esquema mariológico medieval, de perceber o novo espaço plural de evangelização que exigia da Companhia de Jesus uma nova elaboração doutrinal. Por isso, a partir do papel social e ordenador que a mulher tupinambá exerce, foi construindo uma mariologia original capaz de evidenciar em Maria Tupansy-Igreja sua vocação de serviço.

3.3 Tupã e *Tupansy*: uma saída mariológica para a inculturação da fé

Como havíamos mencionado no primeiro capítulo, na seção sobre a conquista da língua, o conceito de Tupã e sua relação com a expressão *Tupansy* (termo adotado por José de Anchieta para nominar sua personagem), necessita ainda de um tratamento mais adequado, pois a pressa dos primeiros missionários ao afirmar Tupã permanece ambígua, distante e limitada.

Tal esforço, que realizamos a seguir, visa demonstrar a diferença fundamental dos heróis-civilizadores[8] dos índios *versus* a ideia do Deus cristão, para percebermos melhor a proposição mariológica oferecida por José de Anchieta aos índios. De fato, a entronização do orago da igreja da Missão de Rerigtibá foi a oportunidade de corrigir os equívocos dos primeiros missionários, oferecendo uma visão mais compreensível dos mistérios da salvação aos aldeados.

3.3.1 A invenção de Tupã e os limites dessa alegoria para a catequese

Conforme o registro dos primeiros jesuítas, a adoção do termo Tupã ou *Tupana* não deve ser entendida de forma rigorosa. A opção leva em conta influências bíblico-catequéticas e não tanto elementos ou mitos sincréticos dos índios. Por essa razão, consideramos importante a in-

---

[8] A expressão "heróis-civilizadores" é usada pelo antropólogo Alfred Métraux na obra *A religião dos Tupinambás* (1950) para designar as divindades tupis e as relações sociais e rituais. O herói-civilizador é uma deidade que deu contributo para a vida social dos índios, ensinando a arte da pesca, técnicas para a agricultura ou o controle do fogo, pois o culto a eles prestado se fundamenta nesse serviço. Conforme seu estudo, o conceito de Tupã carece dessa referência.

vestigação sobre a construção do conceito de Tupã aplicado ao Deus de Israel. Nesse itinerário, vamos apoiar nossa investigação na obra *A religião dos Tupinambás*, de Alfred Métraux (1950), em seus estudos sobre os heróis-civilizadores que estão na base das deidades tupis e na obra *A origem de Javé – O Deus de Israel e seu nome*, de Thomas Römer (2016).

O papel dos seres superiores na cultura dos índios tupinambás do litoral do Brasil confunde-se com a ideia de seus heróis-civilizadores, pois, para esses índios e para a maior parte dos povos sul-americanos, esses seres eram dotados de poderes superiores aos dos feiticeiros, sendo eles os criadores do universo. Segundo o relato transcrito por André Thévet (1878), os índios tupinambás descendem de um só ser superior, produzindo uma linhagem de heróis-civilizadores.

Para Métraux (1950), as deidades *Monan*[9] e *Maire*[10] devem ser apresentadas juntas, isto é, formando uma só figura ou família de divindades – *Monan* nasceu no mito tupinambá como descendente de outro herói, *Irin-Magé*, que era o único homem poupado no aniquilamento universal (dilúvio). *Maire-Monan* é reconhecido pelos tupinambás como um feiticeiro, ou melhor, o senhor da ciência e responsável pelos fenômenos naturais e pelos mistérios ri-

---

[9] *Monan* é o primeiro herói-civilizador descrito como "um astro sem fim e princípio que criou o céu, a terra, os pássaros e os animais no mundo existentes" (Métraux, 1950, p. 40). Contudo, mesmo sendo considerado o herói mais velho e antigo, ele não é o criador dos oceanos e dos rios que teriam sido formados posteriormente, após o incêndio do mundo em seguida ao dilúvio. Portanto, a nação de *Monan* não pode ser comparada ao Deus criador cristão.

[10] *Maire* é o segundo e está em paralelo a *Monan*, pois deu "ordem de acordo com o seu bel prazer a todas as coisas, afeiçoando-as de vários modos e, em seguida, convertendo-as em diversas figuras e formas de animais, de pássaros e de peixes" (Métraux, 1950, p. 41).

tuais religiosos, sendo o criador de várias práticas sagradas e da magia – recomendava a prática de não comer a carne dos animais pesados e lentos, mas, ao contrário, de usar da carne dos animais ligeiros, porque estes tornam os homens ágeis.

Foi *Maire-Monan* que introduziu a agricultura, dando todos os vegetais, as técnicas para seu consumo, a arte da medicina natural[11] e sua organização social. É sua morte que faz nascer uma variedade de demônios e deidades tupis como uma linhagem. Todavia, nessa linha de deidades, poucas informações puderam ser encontradas sobre o demônio dos trovões (Tupã).

> Foi Maire-Monan, então, convidado a uma festa e obrigado a saltar por sobre três fogueiras acesas. Após ter sido bem-sucedida na primeira prova, aquela divindade evaporou-se ao saltar a segunda fogueira e foi, assim, consumida pelas chamas. Sua cabeça, explodindo, produziu o trovão, enquanto as labaredas do fogaréu se transformavam em raios. Imediatamente depois, Marie-Monan subiu ao céu e virou estrela, juntamente com dois dos seus companheiros. (Métraux, 1950, p.44)

Quando os missionários quiseram encontrar na língua dos tupinambás uma expressão correspondente a "Deus", escolheram, na falta de outra melhor, a palavra "Tupã", que tem sentido equivalente a "coisa sagrada, misteriosa e excelente" aplicado aos trovões, raios e relâmpagos, nos quais os índios viam manifestação de um poder invisível. Contudo, Tupã ou *Tupana* não era identificado como um herói-civilizador, pois sua existência não tem relação direta com a vida dos homens, exercendo um papel secundário

---

[11] Por causa da grande penúria que passavam, *Maire-Monan*, tendo piedade dos índios, transformou-se numa criança, na qual bastava bater para converter-se em torrentes de chuvas, que regavam todas as plantas semeadas nos campos dos nossos índios.

(Métraux, 1950, p.109-112). De fato, Tupã parece ser uma criação peculiar dos tupis da costa do Brasil e do Paraguai, onde se encontram alguns mitos que fazem referência à sua existência.

Nesse sentido, Tupã está longe de ser identificado com a ideia de Deus criador, reduzindo-se a uma espécie de gênio ou demônio dos trovões que não era objeto de nenhum culto ou prece. Se Tupã não figura como herói-civilizador (condição para ser merecedor de culto), não demandando expressão social ou religiosa, como os missionários chegaram a dar a essa personificação os atributos do Deus cristão? Podemos inferir que os missionários buscaram associar a reposta dos índios (quando perguntados qual era o deus que morava nos céus, certamente respondiam Tupã) a suas pretensões teológicas. O escopo usado pelos missionários para dar a Tupã nova cidadania foi construído pelo paralelo entre a personificação do elemento da natureza (no caso, o trovão) e a representação do Deus do Sinai (Métraux, 1950, p.112).

3.3.2 Os trovões como alegoria para manifestar o Deus de Israel

Segundo Thomas Römer (2016), é frequente nas Escrituras encontrarmos como características da divindade de *YHWH* a figura dos trovões e relâmpagos. Se tomamos Juízes 5, o Salmo 68 e, também, em certa maneira, Habacuc 3, encontraremos essa identificação acompanhada por tremores de terra, desmoronamento de montanhas e fenômenos naturais. Esses textos sublinham dois aspectos de *YHWH*: ser um deus guerreiro e ser um deus da chuva, pois o derramamento das nuvens em terra seca é o atributo maior do deus da tempestade (Römer, 2016, p.54).

Capítulo 3

O encontro do povo de Israel com *YHWH* no deserto do Sinai será a fonte em que nasce tal identificação: Moisés estendeu sua vara para o céu e *YHWH* respondeu com trovões, granizo e raios (Ex 9,23; 19,19; 20,18). Além dos sinais e prodígios manifestados no período de escravidão no Egito, nada se compara à teofania de *YHWH* no deserto do Sinai; afinal, sua voz é o próprio trovão (Ex 19,16). Nesse sentido, há uma profunda correspondência entre a imagem revelada de Deus no livro do Êxodo e nos Salmos, já que uma obra está referida na outra como experiência pessoal e coletiva do povo (Sl 18,14; 29,3-9; 68,33; 77,17-18; 107,7).

Os profetas também fazem uso dessa alegoria do trovão, do relâmpago e da chuva para identificar a manifestação de Deus em seus oráculos (Am 1,2; Is 29,6; 30,30; 33,3; Jl 1,2). Em Jeremias, por causa da situação-limite com a proximidade do exílio da Babilônia, a voz de Deus (o trovão) é compreendida como a vingança de *YHWH* (Jr 10,31; 51,6; 25,30). Contudo, em linha geral, o recurso a essa imagem está sempre associado à confiança que o povo deposita na Palavra de Deus, em seu juízo sobre o povo e em sua promessa.

A identificação de *YHWH* com os trovões também ocupa lugar de destaque nas composições usadas nos livros de Jó e do Apocalipse, obras mais alegóricas e com forte apelo teatral. Em Jó, essa alegoria ocupa lugar de destaque, ganhando vários capítulos que celebram o Senhor soberano dos fenômenos naturais, isto é, o Senhor do outono, do inverno, do verão, do mar, da tempestade e dos animais (Jó 36-40). Já no livro do Apocalipse, a ação de *YHWH* é sempre acompanhada de tais sinais: trovões, vozes, relâmpagos e, quando possível, terremoto (Ap 4,5; 6,1; 8,5; 11,19; 14,2; 19,6).

As narrativas citadas acima confessam o prolongamento de algumas imagens atribuídas à figura de YHWH no Sinai que ganharam cidadania na historiografia de Israel. Seu caráter prático e alegórico colaborou para reforçar as ideias de transcendência, onisciência e reverência ou temor devido a Deus. É a partir desses elementos que os missionários associam a ideia de Tupã às categorias fundamentais do Deus do Sinai.

Em primeiro plano, a construção de Tupã como Deus único leva em conta essas fontes da escritura hebraica e não tanto os mitos dos tupinambás, pois, originalmente, na mentalidade indígena, Tupã estava longe de ser identificado como Deus criador. A "equivalência dinâmica" (substituição de um elemento da liturgia romana por algo da cultura local que tenha um significado ou valor igual) buscada pelos missionários na apresentação de Tupã, não foi capaz de assegurar a "assimilação criativa" de seus elementos, produzindo uma figura distante, indiferente e impessoal. Será José de Anchieta quem contribuirá de maneira decisiva para a assimilação e acomodação do conceito de Tupã, ao apresentá-lo sempre junto à sua Mãe – *Tupansy*.

3.3.3 De *Ñandecy* à *Tupansy*, Mãe de Jesus

José de Anchieta é quem nos oferecerá a melhor elaboração para falar de Tupã em sua catequese teatral. Com o bom êxito de seu primeiro teatro mariano – nomeado de *Auto de Guarapari* por Mª de Lourdes de Paula Martins – feito para os índios na aldeia de Guarapari [1585] (Cardoso, 1977, p.203), levou sua recomendação aos jesuítas pernambucanos, que enfrentavam problemas com a catequese indígena para introduzir na aldeia dessa capitania uma imagem da Virgem Maria (Megale, 1986, p.77-78). De fato, mesmo usando o nome *Tupansy* (Mãe de Deus) nesse auto[12], será no *Auto da Assunção* (1590) que ele descobrirá sua eficácia catequética, considerando o fato que, segundo os mitos tupis, Tupã está sempre vinculado à sua Mãe.

Conforme as pesquisas de Thévet (1878), Tupã é o caçula dos filhos do herói-civilizador *Ñanderuvuçu*, nascido de sua mulher chamada *Ñandecy*.

> É imaginado como um homenzinho, baixo e rechonchudo, de cabelos ondulados. [...] *Tupã* é muito chegado à mãe, por ordem de quem deixa a sua casa, situada a oeste, para ir morar no este, onde vive a velha. Cada viagem de *Tupã* através do firmamento provoca tempestades. O som do trovão é produzido pela bacia oca, onde ele se assenta e da qual se serve, à feição de uma canoa, quando tem de transpor a extensão do céu. O longo botoque de resina, que traz ao lábio inferior, lança raios a cada um dos seus movimentos. Em seu barco tomam lugar dois servidores, muitas vezes assimilados aos *Tapã*, aves, segundo os índios, anunciadores da tempestade. A tormenta só passa quando Tupã chega diante da casa materna, onde, todavia, seu *tembetá* [canoa] continua a provocar relâmpagos. (Métraux, 1590, p.113)

José de Anchieta, atento aos limites do conceito de Tupã, encontrará uma saída mariológica ao realizar a analogia entre a encarnação de Tupã, nascido de mulher, fazendo-o ser personagem das narrativas evangélicas ensinadas no *Catecismo Tupi* (1988) e digno de nosso culto como herói-civilizador, isto é, aquele que é próximo e ensina a "vida boa" ao nosso povo. De fato, o *Auto da Assunção* é repleto de alegorias que reforçam o vínculo estreito que há entre

---

[12] O índio guerreiro ameaça golpear o diabo dizendo: "Como outrora, *Tupansy* te destroçou e esmagou, assim me mandou aqui rachar-te a cabeça a ti" (Cardoso, 1977, p. 243, vv. 240-243).

Tupã e *Tupansy*, fazendo de sua visita à aldeia a apresentação definitiva de Jesus-Tupã, seu lindo pequenino (Hino *Jandé Kañemiré*, v. 16). Por meio de sua personagem, José de Anchieta celebra o mistério da encarnação do Filho de Deus no seio de Maria.

No primeiro ato do espetáculo, no canto Ára angaturameté, a união de Tupã e *Tupansy* aparece umbilical, pois, ao cantar a "morte de Maria", ela afugenta nossa morte e para a vida nos guia, voando agora ao encontro do Filho seu (Canto Áre angaturameté, vv. 5-10). Tal alegoria não só diz respeito a ela, mas figura o destino de todos dessa aldeia consagrada à sua proteção. No segundo ato do espetáculo, no hino *Ejorí, Virgem Maria*, aparece a finalidade de sua visita, que visa expulsar os males e tentações para que a comunidade creia em Deus e em seu Filho e Guia (vv. 1-10). O Anjo Custódio é quem expulsa o maldito para que a Mãe do Rei possa entrar, inimiga de *anhangá* (vv. 25-27).

No terceiro ato, no canto *Sarauájamo oroikó*, são os filhos da aldeia que pedem a *Tupansy* que os acompanhe sempre, ensinando sua via até o reino de Deus (vv. 41-44). Mesma afirmação fazem os índios chegados à Missão, quando dizem que já reconhecem a Deus, "o teu Filho, Senhora" (vv. 65-66). No quarto ato, no colóquio *Xe Paratiy suí*, o primeiro líder, o índio Parati, diz que veio de longe para ver a Mãe de Deus e, como faz seu Pai Deus (Tupã-Jesus) que se enfeitou, ele também se ornou em alegre frenesi para ver *Tupansy* (vv. 1-4). A mesma relação aparece na fala do terceiro orador, que pede à Virgem benigna que lhe dê a graça de ver seu formosíssimo Filho (vv. 45-54). Conforme o esquema adotado em releitura dos mitos indígenas, o texto cantado pelos líderes coloca sempre Maria em primeiro plano, contudo sempre em função de seu Filho.

Os líderes oradores, de acordo com o esquema do matriarcado tupi, tratam primeiro com *Tupansy* (a dona da casa), mas sem tirar os olhos do Principal da aldeia, isto é, de Tupã-Jesus. Tal criatividade reforça sua autoridade maternal na medida em que confere papel particular a Maria no mistério da encarnação, reforçando o caráter cristocêntrico de sua mariologia.

De fato, a relação entre Tupã e *Tupansy* é tão estreita que José de Anchieta não teme fazer transitar suas personagens de um lado ao outro, fazendo convergir os mitos dos tupinambás que revelam *Tupansy* como "mulher", "mãe", "guerreira", "velha" e "esposa do principal" em relação à figura de Maria, apresentada nas escrituras como "mulher", "eleita", "santa", "virgem", "mãe" e "cheia de graça".

O que José de Anchieta se propõe a fazer é corrigir a afeição negativa da religião indígena marcada por medos, superstições e magias, propondo a ideia positiva do Grande Espírito bom, Tupã, quase esquecido por eles, e de sua corte celeste, de espíritos de influência benigna propondo uma nova luta que coloca a "vida ruim" em oposição à "vida boa" (Anchieta, 1984c, p.80). Imagem apetitosa ao gentio, naturalmente sensível à guerra e à defesa do território, que via em linguagem teológica uma luta que valia a pena travar.

O bispo Pero Sardinha (1496-1556), que sempre foi um crítico da Companhia de Jesus no tocante a suas opções pastorais na evangelização das aldeias e de crianças órfãs e indígenas[13], não pediu mais explicações referentes à

---

[13] Os itens citados que precisavam ser expostos aos bispos eram estes: 1. Se se podem ouvir confissões dos índios com intérprete; 2. Se se permitirá aos índios entrar nas igrejas sem roupa e de forma mista (homens e mulheres sem separação); 3. Se se usarão alguns costumes deste gentio que não sejam contrários a nossa fé e que não sejam dedicados a idosos como cantar cantigas de Nosso Senhor em sua língua, usando o seu tom

invenção de tal conceito (Nóbrega, 1988, p.141-142). Contudo, o conceito de Tupã, assim concebido na primeira hora da evangelização, atendia apenas às exigências formais de transcendência, onisciência e reverência ou temor, não favorecendo a compreensão dos outros movimentos inerentes à encarnação kenótica de Deus na história (Cl 1,12-20).

Nesse sentido, tais limites ao conceito de Tupã são fatores que demandam uma nova reelaboração que chamamos aqui de saída mariológica, que inclui a figura de *Tupansy* e o papel social da mulher tupinambá. José de Anchieta relacionará Maria Tupansy em sua maternidade e eclesialidade como serviço em favor do povo.

3.4 A apresentação de Maria (a *Tupansy*) aos índios do Brasil

A apresentação de Maria Tupansy aos índios do Brasil, reunidos na Missão de Rerigtibá, a partir do esquema elaborado por José de Anchieta, oferece-nos inúmeras interfaces que incidem diretamente na vida da aldeia, fazendo convergir o discurso cristão com a visão de mundo indígena e o programa catequético da Companhia de Jesus.

Por meio de sua mariologia popular, José de Anchieta reconstrói o tecido social desse novo espaço de missão, recolocando os elementos introduzidos (Igreja, catequese etc.) em relação dinâmica com sua Maria tupi. Sua origina-

---

e acompanhados por seus instrumentos musicais; 4. Se se pregará a seu modo com certo tom andando e batendo nos peitos, como eles fazem, quando querem persuadir alguém de alguma coisa; 5. Se cortaremos os cabelos dos meninos portugueses que temos em nossa casa ao modo da terra, porque a semelhança é causa de amor e outros costumes; 6. Como acercar o gentio que nos vem pedir o batismo se não temos roupa para tantos; 7. Se é lícito fazer guerra com outros índios etc. (Nóbrega, 1988, p. 141-142).

Capítulo 3

lidade encontra-se no lugar que ele dá a Maria na Missão, articulando elementos próprios de seu protagonismo e vocação em chave social.

No *Auto da Assunção*, Anchieta se propõe a apresentar fielmente a Mãe de Jesus aos índios do Brasil. Diferentemente da experiência de Roque González, SJ (1576-1628), José de Anchieta evitou construir uma apresentação ambígua sobre a simbólica da "Conquistadora". Mesmo seguindo fielmente as recomendações do Concílio de Trento (1546-1563) em relação à veneração dos(as) santos(as), teve o cuidado de evitar superstições ao nomear sua Maria Tupansy, recorrendo ao seio da tradição (Trento, 1781, p.345-347). A Virgem que ele apresenta é caracterizada como "deusa indígena", porém, de forma a evitar qualquer sincretismo, adota nome e história próprios, pois sua Virgem permanece católica e tridentina em sua maternidade e eclesialidade.

Interessante perceber que sua construção oscila entre duas perspectivas marcantes. De um lado, a tridentina, revelada nas marcas patriarcais e na relação entre sua maternidade e eclesialidade; por outro lado, a perspectiva marcada pelo distanciamento das ideologias políticas elaboradas pela Casa de Avis, rejeitando a imagem da "Conquistadora" (Dorado, 1992, p.36). Nesta última, os elementos de identidade e nacionalidade são apresentados dentro de um novo prisma, isto é, uma nova ideia de povo que passa pela catequese e pela adesão a *Tupansy*. Destacam-se o fato de ser mulher, indígena e Mãe de Deus, conferindo-lhe um protagonismo próprio como "serviço em favor da aldeia".

Para isso, José de Anchieta faz amplo uso das Sagradas Escrituras na construção de sua personagem. Contudo, a imagem de fundo que perpassa todo o espetáculo é a imagem gloriosa da Virgem revelada na visão joanina (Ap

12), sobretudo ao evocar sua maternidade e força, pois essas duas categorias fazem mais sentido na tradição matriarcal tupi, da qual Anchieta se apropria na construção de sua mariologia, incidindo em duas referências claras:

1. Sua alegoria faz eco ao protoevangelho de Gn 3,15 por apresentar uma mulher – a nova Eva – como promessa de esperança e sinal da profecia. Tal imagem não se fecha nela ou em seus méritos, mas abre-se à sua descendência, que é convidada a esmagar com seus próprios pés a cabeça da serpente (os vícios e pecados), visto que o bem vencerá quando a humanidade destruir a fonte do veneno que a contamina (Murad, 2012, p.111). Sua autoridade sobre os espíritos maus, como mãe de todo vivente, é mais um sinal do seu caráter pedagógico: ela ensina à sua descendência a santidade, ou melhor, a "vida boa" [Evangelho] (Cardoso, 1984, p.182), no hino *Ára Angaturameté*, v. 44.

2. Outro elemento significativo está na afirmação de sua virgindade (Is 7,14), pois apresenta o desejo de Deus de se realizar na história. No espetáculo, profecia e realização se dão ao mesmo tempo; afinal, a palavra de Deus e a ação de Maria em favor da aldeia possuem um caráter performativo: Deus disse e assim se fez (Lc 1,26-28). Não por acaso, a apresentação de Maria nessa obra é a proclamação da Encarnação do Verbo nas aldeias tupis, uma vez que Maria é apresentada como aquela que dá Jesus-Tupã e quem traz Jesus-Tupã à aldeia, concebendo o espetáculo em chave kenótica (Lc 1,26-28).

Também destacamos outros textos bíblicos menos explícitos que dialogam com a poética medieval e a prosa cavalheiresca da época. Tais referências contribuem com algumas imagens inerentes à construção de sua identidade e protagonismo a partir das imagens bíblicas trabalhadas nas obras *Maria: a Mãe de Jesus*, de Bigotto (2013); *Maria: toda de Deus e tão humana*, de Murad (2012), e *Maria, mãe de Deus e mãe dos pobres*, de Gebara (1987).

1. José de Anchieta abre o espetáculo apresentando Maria a avançar no despontar da aurora em socorro da aldeia, incomparável como o Sol e terrível como um exército em ordem de batalha (Ct 6,10) (Hino *Ára angaturameté*, vv. 5-8). Nesse canto de amor bíblico, exalta-se com imagens fortes a amada Sulamita, e isso se aplica a Maria como alegoria para falar de sua beleza e força, pois reconhece-se que a intensidade da graça divina nela presente é força contra o mal.

2. Ao evocar a imagem de Judite, José de Anchieta valoriza sua beleza, virgindade e glória, que são apresentadas como armas contra o inimigo (Jt 13,18) (Hino *Ejorí, Virgem Maria*, vv. 1-3). O amor a seu povo é a tônica desse cântico bíblico, no qual, com coragem, Judite mata Holofernes, chefe das tropas assírias, já que em paralelo, no *Auto da Assunção*, a Virgem sabe expulsar o inimigo da Missão de Rerigtibá.

3. A partir da imagem esponsal do livro da Sabedoria, canta-se o amor conjugal entre Maria-Igreja e Jesus, que é apresentado como Principal-Soberano da aldeia: "Eu a amei [a sabedoria] e procurei desde a juventude fazê-la minha esposa, apaixonando-me pela sua beleza" (Sb 8,1-21). Por isso, no livro do Apocalipse, o "Espírito e a esposa dizem: Vem!... Amém" (Ap 22,17.21).

4. Como faz a rainha Ester, que intervém em favor do povo (Est 8,5-6), Maria é apresentada como aquela a quem eles devem recorrer sempre. É o salmista quem acrescenta ao dizer que o "Rei se encantou com a tua beleza. Ele é teu Senhor: curva-te diante dele" (Sl 45,11-12). Em certa medida, em chave medieval, é a beleza da Virgem que paralisa o inimigo (a graça de Cristo). Como se lê no hino Ára angaturameté, que a beleza da Virgem atraia de toda a parte os índios do Brasil (v. 24).

5. Outro texto do Evangelho, de acordo com nossa leitura, dialoga com as disposições internas do espetáculo: trata-se da narrativa da "visitação de Maria a sua prima Isabel" (Lc 1,39-56). Conforme o anúncio do Anjo, Maria sai à procura do sinal que Deus lhe deu (Ratzinger, 2007, p.347). O sinal é a própria aldeia de missão que acolhe o Evangelho, terra das boas gentes (Colóquio *Xe Paratiy suí*, v. 18) que, como Isabel grávida na velhice e em resposta à anunciação, é o motivo do *Magnificat* de Maria. A aldeia de missão (Isabel) é chamada a fazer nascer muitos filhos em seu parto catecumenal (Rm 8,22), pois, como nos diz Isabel, "bem-aventurada aquela que acreditou, porque será cumprido o que o Senhor prometeu" (Lc 1,45).

6. O canto de Maria no *Magnificat* também é o canto de júbilo da aldeia. Aqui se celebram os melhores frutos que se colhem da pregação do Evangelho (Lc 1,46-55). Esse canto é a memória da misericórdia de Deus que renova a terra por meio dos benefícios alcançados, compreendendo a Missão como lugar onde se atualiza a fidelidade prometida a Abraão e a sua descendência. Os benefícios colhidos são dois, *Tupansy* (a Mãe de Deus) e os

índios da Missão de Rerigtibá (Caxa; Rodrigues, 2017, p.132)[14].

Na medida em que acontece sua inserção catecumenal, os indígenas são convidados a se apropriarem desses novos bens a partir de três categorias que constituem sua apresentação: 1. "A maternidade divina" de Maria Tupansy, que a vincula diretamente a cada membro da aldeia e até aos introduzidos; 2. "A sua intercessão poderosa" em favor da aldeia, pela qual se iniciam os processos de correção e integração das instituições eclesiais, e o programa catequético jesuítico; 3. "A alegria e esperança nossa", que nos permitem evidenciar o que José de Anchieta compreende ao confessar que os índios são os predestinados à salvação.

3.4.1 A maternidade divina da Maria Tupansy

A maternidade divina de Maria constitui sua missão essencial, principalmente por evidenciar seu caráter social sobre a vida dos crentes como objeto híbrido e artístico na história da salvação (cf. Boff, 2009, p.460). José de Anchieta explorou em seus poemas o que havia de melhor na alma indígena: o amor aos filhos pequenos e a relação umbilical que existe entre eles e a mãe. A partir dos mitos tupis Tupã e Ñandecy ele construiu uma nova narrativa capaz de incluir de forma dinâmica a Confissão de Fé, a Encarnação do Verbo e os diversos elementos introduzidos na Missão, pois, diferentemente do *Auto de Guarapari* (1585), nesse espetáculo ele proclama *Tupansy* como Mãe de Deus.

Ao apresentar Maria Tupansy realizando o rito de acolhida na Missão, José de Anchieta confere um lugar para Maria no coração da aldeia, valorizando elementos de um matriarcado que persistia no protagonismo feminino, nas

---

[14] Parafraseando Valney Rodrigues e Antonio Depizzoli (2017).

relações sociais e na língua dos povos originários. Como "esposa do principal", Maria é apresentada como Mãe da Aldeia e Senhora das nações reunidas sobre seus domínios: os únicos elementos de sua iconografia que transparecem a lira do espetáculo são aqueles que confessam sua maternidade (Hino *Jandé Kañemirá*, vv. 15-16).

Nessa construção, confirma-se a imagem dos Padres da Igreja, que confessam em Maria uma nova criação, constituindo-a como mãe de todos os viventes. José de Anchieta demonstra essa conclusão, no último ato do espetáculo, quando diz que Maria é a mãe de tudo o que tem vida (Navarro, 2004, p.89). É de sua maternidade que deriva toda a autoridade a ela devida, visto que, como "esposa do Principal", ela governa sua casa recebendo honra por sua muita bondade (Dança *Sarauájamo oroikó*, v. 56).

José de Anchieta afirma nesse mesmo hino que, para ser a Mãe de Deus, Maria foi feita para ser verdadeira estância de Deus (Hino *Jandé Kañemirá*, v. 10) ou, na linguagem dos Padres da Igreja, sua habitação como filha de Deus. Em decorrência de sua colaboração na história da salvação, é adversária da morte por trazer em si o Senhor da Vida (Hino *Jandé Kañemirá*, v. 12). No seu ventre, Deus assume o nosso corpo, nascendo sem a corromper. Nasce porque quer arrancar nossas misérias do mundo, vindo visitar a humanidade; porque, após nossa queda (pecado), amando-nos Deus, fez uma certa mulher para ser mãe sua, enriquecendo-a com os melhores dons (Hino *Jandé Kañemirá*, vv. 1-8).

O próprio Diálogo da Fé [Catecismo] (1988), em que Anchieta se refere a Maria Tupansy, confessa sua radical maternidade:

> Por quem chamamos em nossas necessidades? Chamamos a Jesus. Para quê? Para que nos livre do mal. Dizendo o nome de Jesus havemos de baixar a cabeça fazendo re-

verência? Sim. A quem mais havemos de fazer reverência? Quando nomeamos o nome santíssimo de Maria. Por que razão? Por ser a Mãe de Deus. (Anchieta, 1988a, p.124)

Da mesma forma, com a expressão *Theotókos* (Mãe de Deus), a Igreja confessa que Jesus nasceu "de Maria" e não "em Maria", como pensavam os gnósticos, para quem Maria, na ordem da encarnação, era apenas uma "via, não sua mãe" (Boff, 2006, p. 463). É Isabel, na visitação, quem confessa essa certeza ao chamar Maria de "Mãe do Meu Senhor" (Lc 1,43). O Concílio de Éfeso (431) e os Concílios posteriores declaram, expressamente, que Maria é Mãe de Deus quando esclarecem alguns pontos controversos na doutrina acerca da Encarnação do Verbo de Deus e suas naturezas. Vejamos um trecho da carta de Cirilo a Nestório:

> As naturezas (humana e divina) se juntam em verdadeira unidade, e de ambas resulta um só Cristo e Filho. [...] pois não nasceu primeiro do homem comum, da Santa Virgem, e depois desceu sobre ele o Verbo de Deus. Mas sim, unido desde o seio materno, se diz que se submeteu ao nascimento carnal, como quem faz seu o nascimento da própria carne. [...] Desta maneira, (os santos padres) não tiveram receio de chamar "Mãe de Deus" à Santa Virgem Maria. (DH 251)

Segundo o esquema anchietano, na apresentação de Maria aos índios reunidos em Rerigtibá, profere-se sua maternidade integral na medida em que se afirma que Maria Tupansy, nossa mãe na fé, nos ajuda na tarefa de nos tornarmos também filhos. Portanto, trata-se do processo kenótico da encarnação do Filho de Deus, que subjaz à confissão da maternidade divina de Maria e da filiação mariana (Gebara, 1987, p.111).

Essa consciência religiosa oferece-nos uma poderosa base para pensar o caráter social, político e religioso dos índios da Missão e, de modo particular, o papel transformador das mulheres nesse processo. Quando os índios cantam que *Tupansy* é "a mais linda de nossa gente" (Hino *Jandé Kañemiré*, v. 3), confessam sua identificação e apropriação, pois, ao trazer a casa de *Tupansy* para a aldeia, José de Anchieta confere uma grande dignidade a eles. A rigor, Tupã vive com ela [sua mãe] e com os índios na Missão de Rerigtibá, a vocação de Maria é compreendida à luz de Jesus-Tupã.

> Os primeiros evangelizadores do Continente [americano] anunciaram Cristo sempre junto com a Mãe, e vice-versa. Cristo aqui foi visto como "o filho de Maria" e Maria, como a "Mãe de Deus". Maria representou, para os novos povos, o "rosto materno de Deus". [...] Ela é a Virgem-Igreja, que está para dar à luz no Novo Mundo o Salvador. Assim é que Maria foi a "porta" do Evangelho para o Continente. [...] O Deus que os conquistadores trouxeram e mostraram, sobretudo com seu comportamento violento, trazia as marcas do poder e da imposição. Era o Senhor terrível e dominador e não o manso Cordeiro. [...] Ela (Maria) acabou representando o Deus próximo dos pobres e vencidos, fazendo o mistério divino algo doméstico e popular. [...] (Por isso que) Ela preenche, como pode, uma função soteriológica. (Boff, 2006, p. 567-568)

Nesse contexto, a apresentação de Maria aos índios do Brasil é a tradução dos elementos da fé cristã acerca da figura e vocação de Maria como auto catequético da *Theotókos* tupi. A figura de Maria que o auto celebra ganha relevo a partir das doutrinas expressamente contidas nas Sagradas Escrituras, principalmente no que toca à maternidade divina. Contudo, a importância atribuída a Maria está sempre em referência a seu Filho (Bauer, 1988, p.671).

O título de Mãe de Deus representa a dignidade máxima a que pode aspirar um ser humano, e só uma mulher pôde participar de modo único do poder gerador de Deus (Boff, 2006, p.466-469). Na pessoa de Maria Tupansy, José de Anchieta apresenta à Missão de Rerigtibá uma figura concreta que deve transfigurar a aldeia para que colha os melhores frutos de seu labor apostólico, abrindo espaço de vida para os índios do norte e do sul na medida em que celebra a encarnação da Boa Nova do Evangelho.

3.4.2 A sua intercessão poderosa em favor da aldeia

A intercessão poderosa de Maria é um dos elementos inerentes ao lugar social de sua apresentação, pois firma-se na certeza, já no início do espetáculo, de que Maria vem em socorro da aldeia em seu processo de conversão. Mesmo sabendo que o ofício de mediador é próprio de Cristo, a tradição sempre atribuiu a Maria um papel particular como membro singular do seu Corpo. Sua mediação como intercessora não diminui a autoridade do Filho, mas, antes, confessa seu senhorio (Hb 7,25). Como afirma Bauer (1988), a união com Cristo e o Espírito Santo faz com que a oração de intercessão tenha um poder tal que o cristão, através dela, possa salvar seu irmão pecador e trazê-lo de volta para a plena comunhão de vida com Cristo (Bauer, 1988, p.535).

A Igreja sempre atribuiu à Maria uma intercessão particular pela conversão dos pecados graças à sua união íntima com a missão de Jesus (e a ele fiel). Dessa constatação, infere-se seu papel como "cooperadora" na história da salvação, sua compaixão com Cristo ao lado da cruz (Jo 19,25) e sua maternidade espiritual, que inclui todo o povo crente e sua intercessão poderosa junto a Deus.

No Evangelho, quem melhor apresenta a intercessão de Maria é João, que nas Bodas de Caná coloca Maria em lugar estratégico, isto é, diante do Filho, para socorrer os noivos na carência de vinho (Jo 2,1-12). De acordo com a estrutura de sua narrativa, João retrata Maria antecipando a hora do Filho, pois, como convidada importante e com autoridade, ela põe os criados a serviço de Jesus. Em sinais figurativos, no sexto dia, dia da criação do homem e da mulher (Gn 1), antecipa-se a graça que veio da Cruz, dando--nos Maria por mãe (Jo 19,26-27). Aquela que João chama de Mãe de Jesus é chamada "mulher" porque, mesmo não cabendo a ela definir os tempos nem as ações de Jesus, reconhece-se sua providencial intercessão (Schökel, 1997, p.2551).

A mediação que Maria exerce exige, tanto no relato joanino como na experiência dos índios de Rerigtibá, não só empatia, mas também certa identificação e reconhecimento. De fato, em João, o papel de Maria transita de convidada à mãe do noivo (segundo a tradição bíblica). José de Anchieta constrói essa identificação com seu público ao colocar a Virgem realizando o rito de acolhida como esposa do Principal. Tal identificação é claramente expressa no último ato, em que os índios de Rerigtibá afirmam que a Virgem é filha da aldeia (Hino *Jandé Kañemiré*, v. 3). Ao fazer assim, José de Anchieta dá relevo ao papel feminino dentro da *taba* e o compreende a partir da intercessão de Maria em perspectiva eclesiológica.

É diante dela que os líderes das aldeias que compõem a Missão confessam sua poderosa intercessão na medida em que se afirma sua pertença a esse ambiente e ao novo estilo de vida. Conforme o desenho desenvolvido, sua autoridade conserva um caráter pedagógico sem diminuir a mediação única de Cristo (Principal da aldeia), mas, como afirmará a seu tempo o documento conciliar *Lumen Gentium*, ela mostra qual é a sua eficácia (LG n.60): quando Maria é exaltada e honrada, atrai os crentes para seu Filho (LG n.65).

O serviço intransponível de intercessão que Maria presta à aldeia apoia-se em sua maternidade, ou seja, exercendo plena autoridade sob sua casa e sobre seus filhos, figurando como fiel da balança e como cooperadora na obra da redenção. Por isso, em atenção a sua presença, prometem os índios reunidos em Rerigtibá (Colóquio *Xe Paratiy suí*) seguir seu caminho na linha do programa catequético jesuíta: abandonar a antropofagia (v. 12), as guerras entre as nações (v.26-27) e os velhos vícios (v. 45).

Essa dimensão pedagógica de sua intercessão na vida da aldeia aparece também nas danças dos índios já incorporados à Missão, que dançam os *machatins* (Dança *Sarauájamo oroikó*) já que são eles que pedem a companhia dela até o Reino de Deus (v.41-42). São eles que pedem à Virgem que venha ensinar seus índios a seguir sua via (v.43-44) e trazer-lhes a conversão, que é sua virtude inata (v.47-48). Tal identificação nasce da correspondência que se cria, primeiro, pela dignidade que sua presença confere à aldeia e, segundo, por ela presentear todos os índios, dando-lhes seu Filho Jesus-Tupã.

Seu caráter pedagógico fica ainda mais claro na fala dos índios recém-chegados à Missão pelo fato de eles reconhecerem a importância de sua intercessão a partir da chave do programa catequético jesuíta. Ao ver a dança que os índios aldeados fizeram, eles dizem nada saber sobre a vida na aldeia, mas confessam que já reconhecem Deus, que "é o teu Filho, Senhora" (Dança *Sarauájomo oroikó*, v. 63-66). Essa informação reforça aquilo que já dissemos sobre a identidade: ela confere pertença e estabelece vínculo com a aldeia porque Maria Tupansy é apresentada como a tutora deles (Colóquio *Xe Paratiy suí*, v. 31).

Sua intercessão alcança todos os membros da aldeia, inclusive os missionários. De fato, os índios recém-

-chegados pedem sua intercessão pelo Pe. Diogo Fernandes, que chegou enfermo da última descida de índios à Missão. De forma assertiva, os índios pedem que ela venha, sem tardar, curá-lo dessa desdita (Dança *Sarauájamo oroikó*, vv. 75-76). E até o índio Rerigtibá, em sua grã vilania e apetite de guerras, reconhece que a Virgem intercede para que em Rerigtibá se reúnam os índios dispersos, escravos e livres sob sua tutela (Colóquio *Xe Paratiy suí*, v. 30-33).

A intercessão de Maria aponta para a comunhão dos santos e a coloca na luta em favor dos índios de Rerigtibá como modelo idealizado daqueles que se deixam atrair pelo Evangelho. Ao recorrer a sua intercessão, imitando sua caridade e docilidade, torna-se presente a Igreja, que, pela pregação catecumenal e pelo batismo, gera novos filhos (LG n.63). Maria Tupansy é colocada em papel arquetípico; como é próprio da índole feminina, uma mulher assumiu os problemas humanos e se comprometeu com sua superação. Com efeito, estamos diante de um traço de sua personalidade ao tomar a iniciativa, antecipando os sinais dos tempos, como fez nas Bodas de Caná (Bigotto, 2013, p.375).

Movido por sua devoção, José de Anchieta move *Tupansy* à aldeia, recomendando aos índios sua intercessão, uma vez que, em certa medida, reconhece as inúmeras dificuldades enfrentadas nesse trabalho. Por isso, ele mesmo recorre à sua intercessão ao colocar em suas mãos a conversão dos índios do Brasil. Será ela que José de Anchieta deixará aos índios por protetora, a partir do lugar social que o feminino ocupa nas aldeias tupis no sentido de congregar esse povo novo (Lc 1,17). Como se lê no Documento de Puebla (DPb), "Maria é a voz que deu impulso à união dos homens e dos povos" (DPb n.282).

3.4.3 Alegria e esperança nossa (predestinados à salvação)

A Assunção de Maria em corpo e alma aos céus é resultado da potência da Ressureição de Jesus, que já está em ação no mundo e já nos dá seus primeiros frutos; afinal, a Ressurreição do Filho eleva a da Mãe, levando-nos a contemplar o destino último do ser humano. Efetivamente, Maria constitui as primícias do senhorio de Cristo, visto ser a assunção o fruto mais excelente da vitória pascal do Filho de Deus. Ela é o primeiro laço que nos prende a Jesus Cristo, nossa esperança (2Tm 2,10) (Boff, 2006, p.520).

As Escrituras não reconhecem com a mesma facilidade tal devoção como fazem com o tema da maternidade divina, mas a tradição da Igreja admite sua assunção por apontar a posição única dada a ela enquanto Mãe de Deus. Os elementos encontrados nas Escrituras são os que foram desenvolvidos pela tradição. Em particular na teologia dos Padres da Igreja e na Constituição *Munificentissimus Deus*, admite-se essa interpretação a partir do protoevangelho, que alude a uma vitória completa de Maria sobre o diabo (Bauer, 1988, p.671).

Quando inicia o *Auto da Assunção* com o hino *Ára angaturameté*, cantando a "morte de Maria", isto é, o dia glorioso e feliz (15 de agosto), José de Anchieta afirma que a Virgem afugenta nossa morte e para a vida nos guia (v. 7-8). Ele insiste para que Maria vá à glória do céu, mas que nos console antes de se apartar de nós, permitindo-nos ser chamados de seus filhos (v.9-12). José de Anchieta nos convida a não só imitá-la, como também segui-la, bem de perto, pisando nas suas pegadas. Como a vida da Virgem foi ansiar-se de Deus, hoje, pelos méritos de Cristo, vive na glória do Filho seu (v. 25-28).

Na abertura do auto, José de Anchieta afirma que aquilo que Deus realizou em Maria na Encarnação do Verbo e agora em sua assunção é dado aos homens para sua contemplação, pois até os anjos podem ver seu rosto lindo – a glória de Cristo – (Hino *Ára angaturameté*, v. 29-30) e, de alguma forma, os índios que se aproximam de sua imagem na aldeia de Rerigtibá, tocando-lhe a face *(Colóquio Xe Paratiy suí*, v. 9). Como diz o último hino do auto, Deus criou uma santa por amor aos pecadores, para ser verdadeiramente morada de Deus (Hino *Jandé kañemiré*, v. 1-10).

O modelo medieval apresentado pelo monge Epifânio (séc. VIII) celebra a Assunção de Maria com uma escatologia triunfal da vinda do Filho de Deus a partir da crença popular de que – antes de sua partida – os apóstolos vieram de lugares distantes para ver a morte de Maria (Murad, 2019, p.395). Por sua vez, José de Anchieta centra sua atenção na relação entre Maria e a humanidade, evitando uma mariologia muito abstrata, isto é, desenvolvendo sua apresentação na relação que concebe Maria, a Eleita, e os índios de Rerigtibá enquanto predestinados (Müller, 2015, p.355).

Na concepção anchietana, a Assunção de Maria é cantada como nossa sorte porque trabalha a esperança escatológica do Reinado de Deus de forma encarnada, na medida em que se superam os limites apontados no programa jesuíta. Na relação que ele constrói entre a Eleita [Maria] e os predestinados [índios], aparece a necessidade de trazer à história humana a Boa Nova cristã, distanciando-se da ideia da "Conquistadora" elaborada pela teologia da Casa de Avis. Anchieta escreve ao Pe. Geral da Companhia, partilhando os sofrimentos de que padecem os missionários por causa dos portugueses:

> Nesta [terra] do Espírito Santo acho agora muita perturbação, entre os portugueses uns com outros sobre preten-

sões de ofício e honras, e com os Nossos, porque não lhes concedemos que façam dos índios cristãos à sua vontade, querendo servir-se deles a torto e a direito. Mas como esta é guerra antiga, que no Brasil não se acabará, senão com os mesmos índios, trabalhamos o possível por sua defensão, para que com isto se salvem os predestinados, que se não se tivesse respeito a isso, era quase insofrível a vida dos padres nas aldeias, *ised omnia sustinemus propter electos* (1Tm 2,10). (Anchieta, 1984a, p.417)

A festa da Assunção em Portugal se desenvolve marcada por características sociopolíticas bem delimitadas, mais centrada na devoção e menos no compromisso ético. No *Auto da Assunção*, a Maria Tupansy de Rerigtibá é apresentada como penhor para aqueles que acolhem o Evangelho, pois, quando se contempla seu rosto na glória [índia e mulher], dá-se mais segurança à esperança cristã (Boff, 2006, p.521). Em certa medida, diante dos sofrimentos de que os missionários padecem por causa dos eleitos (1Tm 2,10), encontramos aqui as raízes profundas de sua piedade popular; no caso de Anchieta, sua devoção é o elemento que o religa à sua terra natal (Ilhas Canárias), às exigências do Evangelho e à situação dos índios no sistema colonial[15].

Tal certeza da "esperança da ressurreição cristã" se atualiza de forma viva na figura da Virgem Maria, que antecipa aqui e agora a nossa hora: "Pois aos que ele conheceu desde sempre, também os predestinou a se configurarem com a imagem de seu Filho" (Rm 8,29). Por isso, numa outra tradução, encontramos essa referência que apresenta a Virgem conduzindo-nos aos céus: confirmados em sua fé, dizem os índios já aldeados que vão entrar no Reino de Deus ao seu lado [Maria] (Cardoso, 1984, p.183).

Da mesma forma, como sinal antecipatório, ao cantar o mistério da encarnação no último ato (Hino *Jandé*

---

[15] As raízes de sua devoção (Capítulo I, p. 43).

Kañemiré, v. 12), José de Anchieta lhe dá seu mais alto reconhecimento ao dizer que ela, por ter gerado o Senhor imortal da existência, é a Senhora da Vida (Navarro, 2004, p.89). Exaltada durante todo o espetáculo, é Maria Tupansy quem nos diz que "Jesus Cristo é nossa esperança além do véu" (Hb 6,19): nessa relação que se dá a partir da aldeia de missão, ela recebe nessa Casa de Peregrinos, ou seja, na Igreja da Missão de Rerigtibá, os índios do Brasil.

3.5 Considerações finais

Na apoteose do espetáculo, José de Anchieta descreve sua devoção, desvelando finalmente a identidade de sua personagem. Ao celebrar a "morte de Maria", ele quis celebrar sua vida e o que ela significa como mulher criada por Deus, santa, bela e eleita para ser a Mãe de Tupã. Como se lê no hino *Jandé kañemiré*, em clara alusão à tradição dos Padres da Igreja, em Maria atua a força criadora de Deus, que, por meio de sua Palavra, recapitula a criação, "dizendo: seja minha mãe querida" (v. 5). Por isso, ao proclamá-la eleita "dentre todas as mulheres", reconhece que Deus a "engrandeceu de afeição perfeita e encheu de bens a sua vida" (v.6).

O auto traduz o relato da anunciação, confessando a iniciativa de Deus (Lc 1,26-28), pois "nela se encarna Tupã, o Senhor imortal" (v.12). Afirma, também, que ele nasce de uma virgem sem a romper ou molestar, já que, em seu ventre, Deus tomou seu corpo "para extirpar nossas misérias" (v.14-15). Por essa razão, destaca o júbilo e louvor dado a Maria como faz Isabel; afinal, sua bondade é Boa Nova para os índios de Rerigtibá (Lc 1,42). É Maria quem nos dá seu maior presente: Jesus. "Ele vem nos visitar, querendo ser um lindo pequenino" (v. 16).

Ao dizer "Maria" no texto em tupi, Anchieta nomeia sua personagem, dando-lhe adjetivos e atributos próprios de sua experiência popular[16]. No espetáculo, a rigor, o nome de Maria é pronunciado através das qualificações indiretas quando se evoca sua poderosa intercessão, isto é, quando ela vem os demônios expulsar (Hino *Ejorí, Virgem Maria*, v. 1); quando os oradores pedem pelos seus (Hino *Xe Paratiy suí*, v. 30 e 47) e quando se conclui sua apresentação (Hino *Jandé Kañemiré*, v. 12). É somente no ápice do espetáculo que José de Anchieta finalmente nomeia sua personagem (a única vez que o fez dessa forma em toda a obra), proclamando o nome da Virgem conjuntamente com sua expressão tupi: Maria Tupansy (Hino *Jandé Kañemiré*, v. 17).

À luz da tradição patrística, ele apresenta Maria como criatura eleita, aquela que é filha do Pai e, ao mesmo tempo, irmã nossa. É no seu sim que ela vinga a antiga Eva, sinal de sua potência contra o mal (Gn 3,15) (Hino *Jandé Kañemiré*, v. 9-10). Tal potência é sinal antecipatório da destinação de sua vida como consequência da ação pascal do Filho, pois Deus habitou sua carne e dela tomou parte, tornando-a dona de tudo o que tem vida (Cardoso, 1984, p.200). Sua Assunção é confessada nesta certeza: como Maria é a mãe daquele que é imortal, ela é a "Senhora de tudo o que vive" (Hino *Jandé Kañemiré*, v. 12).

Ao concluir sua apresentação, José de Anchieta propõe que recorramos a Maria Tupansy em nossas necessidades e angústias. No hino *Jandé kañemiré*, é ela quem "derrota *Anhangá* e seu terror" (v. 18). Ela é "nossa companheira de luta", "aquela que nos acompanha nas batalhas" (v. 19), "causa de nossa bravura", pois "seu vigor nos ensina o caminho que devemos tomar" (v.20). Como lhe é carac-

---

[16] José de Anchieta, entre outras expressões como Virgem, Bela etc., faz uso da nomeação mais popular entre os lusitanos, nome também dado a todas as festas marianas em Portugal: Santa Maria.

terístico, José de Anchieta conclui convidando-nos a "amar Santa Maria" (v. 21), "metendo sua lei, seu ensino, sua doutrina nos corações" (v. 22) para que, intercedendo por nós, "nos desvie do mal e tentações, esmagando *Anhangá* em nossa via" (v. 24).

CONCLUSÃO

Esta pesquisa que agora concluímos teve por objetivo principal desvelar, através da análise do *Auto da Assunção* (1590), a construção e apresentação de Maria, Mãe de Jesus, aos índios da aldeia de Rerigtibá. Tomamos em consideração as perspectivas histórico-cultural e teológica da época, associando-as, tal como a dinâmica anchietana, a elementos próprios da cultura indígena.

Nosso estudo revela como José de Anchieta, em sua pedagogia catequética, guarda em sua *Tupansy* a identificação com elementos teológicos da tradição mariológica de sua época (conforme se lê na definição dos padres e nas narrativas evangélicas), e como, num segundo momento, ela foi ressignificada à luz da cultura indígena, de modo que tais elementos se adequaram à compreensão de seus destinatários. Nesse sentido, o *Auto da Assunção* revela-se não somente como peça teatral, mas como memória de sua experiência de missionário quando ele realiza seu trabalho catequético sem a imposição de uma mentalidade europeia ou dominadora advinda da colonização, preocupando-se antes com a cultura e a assimilação de seus destinatários.

Ao adotar o "rito de acolhida" e a lógica do "matriarcado tupi", fundados na prática da uxorilocalidade, José de Anchieta avança brilhantemente, permitindo que o índio apalpe de forma pessoal e intransferível os elementos fundamentais de sua mariologia popular. Sua elaboração dá a Maria um lugar social, político e pedagógico, ao conferir-lhe, como expresso na peça teatral, as funções de "mãe", "esposa do Principal" e "senhora" perante toda a aldeia silenciada.

Nessa elaboração, resgata-se uma tradição matriarcal apagada pela prática catequética da Companhia de Jesus, que colocava negativamente em questão o papel do feminino nas aldeias. A elaboração anchietana permite recuperar vários elementos da situação das mulheres naquela cultura, uma vez que sua mariologia popular eleva a figura de Maria e a coloca no coração da aldeia.

É importante ressaltar que a ressignificação da mulher e a construção de Maria com essas características somente foram possíveis pela assimilação completa da língua indígena, em sua estrutura subjacente (gramática) e profunda (semântica), bem como de toda a ideologia nela embutida. Essa é razão pela qual se afirma que o *Auto* é a obra anchietana que oferece melhor acomodação ao fazer evoluir a plena equivalência dinâmica e a assimilação criativa desses elementos doutrinais.

Cabe ressaltar que a mariologia popular de Anchieta é fortemente marcada por diversos elementos que nortearam sua devoção, com origens profundas na piedade popular do seu tempo, na devoção de raiz à Virgem das Candelária e na sua relação original com os nativos *guanches*. Guardando a condição de Maria como a evangelizadora do povo de seu país de origem, quis José de Anchieta que Maria fosse a tutora da nossa gente. Não por acaso, cada ato do espetáculo é concluído quando se pede seu auxílio em favor da aldeia.

A novidade do método pedagógico anchietano está na transição do "discurso", antes firmado no temor, na repetição e na doutrinação, para o ideal de aprendizagem firmado no "percurso", abrindo espaço para a pessoa, para sua autonomia, para sua vivência pessoal e comunitária. O que a figura de Maria oportuniza é a passagem de uma verdade aprendida para uma verdade experimentada, pois, segundo nossa pesquisa, Maria Tupansy é muito mais do

CONCLUSÃO

que personagem: ela é o motivo do espetáculo, é seu assunto central e seu melhor resultado.

José de Anchieta se propõe, em sua catequese inculturada, a encontrar dentro do mundo indígena, a partir da tradição e da piedade popular, os elementos para sua apresentação. Ao contrário de uma Maria silenciada pela tradição medieval, apresentada como protótipo da mulher suave e aquiescente, passiva e concorde, nosso autor dá destaque à sua Maria Tupansy, que, mesmo sem ter uma fala no espetáculo, se revela pela boca de seus interlocutores como protagonista.

O destaque de seu protagonismo é evidenciado quando o autor coloca Maria tomando a iniciativa de visitar a aldeia. Como faz com sua prima Isabel, ela vem constatar o sinal que Deus lhe deu, isto é, a aldeia de missão e o trabalho pela conversão do gentio. Aos índios ela é revelada pelo anjo como aquela que vem para os demônios expulsar, uma vez que quer ensinar aos índios sua via. Sendo sua casa a *oca* do seu Filho, é a ela que se deve recorrer durante o percurso de nossa vida. O silêncio dado a sua personagem não retoma o sentido ligado ao feminino medieval, mas o silêncio de autoridade que indica o que deve ser feito olhando a seu Filho.

Ainda que guarde consigo elementos de uma mariologia tridentina, José de Anchieta apresenta sua personagem vinculada à ideia de maternidade e eclesialidade, uma vez que seu interesse é revelar como Maria fala de Deus e como, enquanto mulher, anima a comunidade no caminho de santidade. Ao atribuir a Maria Tupansy essa função de autoridade-serviço, José de Anchieta encontra uma saída mariológica para a ressignificação do conceito de Tupã na medida em que tematiza a Encarnação do Verbo na história humana.

Nesse sentido, a grande contribuição de sua mariologia está no distanciamento que Anchieta realiza da imagem medieval da "Conquistadora". Sua Maria Tupansy não visa reforçar a imagem do colonizador, mas, sim, promover integração e garantir a incorporação dos índios. Nessa perspectiva, constrói-se uma nova relação entre Maria-Igreja-Missão, criando um paralelismo interno entre esses elementos a partir da chave do "serviço". O paralelismo aqui se estreita quando compreendemos como Maria figura e configura a vocação da Igreja e da missão.

As personagens, nesse contexto de obra ficcional, não precisam de narrador para se dirigir ao público, transferindo ao espectador o ofício de transformar a narração em ação. Frente ao palco, em confronto direto com sua personagem, o público é levado a acreditar nesse tipo de ficção que lhe entra pelos olhos e pelos ouvidos. Graças ao seu caráter híbrido, o *Auto* permite que a personagem se revele gradativamente à medida que se torna uma realidade personificada, ocupando todo o espetáculo.

Esse mundo ficcional ou mimético, que frequentemente reflete momentos selecionados e transfigurados da realidade, está voltado para além de si mesmo, estando imanente à obra, pois diz respeito ao público em concreto e às relações que se tecem no decorrer do espetáculo. Nesse sentido, como obra literária, o *Auto da Assunção*, como prolongamento de seu autor, reflete a objetivação do que ele sente e possui de mais íntimo, ao passo que sua personagem, paradoxalmente, só começa a viver quando se liberta de sua tutela.

Em última análise, aquilo que se diz da Virgem Maria no *Auto* nasce da leitura pessoal do nosso autor, dos elementos usados em sua inculturação, da subjetividade dos públicos implicados, da construção de suas alegorias e do significado que ela vai ganhando em sua entronização. Tal

CONCLUSÃO

construção ficcional lhe permite aproximar-se de seu objeto de forma ativa e real, aludindo aos diversos elementos que a compõem. Ao agir assim, José de Anchieta deixa aos índios de Rerigtibá sua maior alegria, isto é, sua companheira de lutas: *Tupansy*, Santa Maria.

Maria é mulher, implicando o papel do feminino que fora deslocado pela catequese jesuítica; é indígena, como parte integrante da aldeia dentro do matriarcado tupi, e é Mãe de Deus – *Tupansy*, conforme a tradição dos Padres e influenciada pela elaboração medieval posterior, possuindo por isso singular autoridade na aldeia. Esses três elementos conferem-lhe caráter, interferem diretamente na sua definição, e refletem como foi construída e como ela é recebida na Missão.

Nesse quadro, o referente mariológico que se destaca é a "maternidade", expressada pela adoção do nome – *Tupansy* – e pela relação que se dá com a aldeia. Conforme canta o *Auto*, ter a amizade dela é ter a porta aberta para os céus, razão pela qual os índios se percebem "predestinados" e afirmam poder entrar no Reino de Deus ao seu lado, à medida que metem sua lei no coração e aprendem com ela a esmagar *Anhangá* em suas vidas.

A garantia de unidade do espetáculo é dada por seus arquétipos, isto é, a Virgem Maria e os índios, o que permite ao missionário aparecer quando o índio reza por ele à Virgem. Nesse contexto, a opção pelo teatro não é arbitrária, pois o grande desafio para os missionários não era construir silogismos ou expressões para a inculturação da fé, mas, sim, transmitir de forma articulada e compreensível sua chave de interpretação. É Maria Tupansy quem garante a plena assimilação dos conteúdos da fé, agora apresentados pela vivência da mulher.

Ao colocar Maria como objeto de sua catequese, Anchieta verá sua prática evangelizadora ganhar novo impulso à medida que ressignifica a compreensão de Tupã, que deixa de ser um deus desconhecido e passa a ser percebido como Deus próximo da história, tal como Jesus em sua encarnação. Essa nova compreensão permite que Maria seja apresentada à aldeia de Rerigtibá como a sua *Theotokós* tupi, aquela que traz Jesus-Tupã, nos leva a Ele e nos dá seu Filho como seu maior presente.

Os índios de Rerigtibá receberam a imagem da Virgem Maria como fosse uma pessoa, sendo, de forma particular, surpreendidos por tamanha criatividade do seu autor ao apresentá-la como mulher, indígena e eleita. Ao concebermos a forma inculturada de sua mariologia e os demais elementos anteriormente apresentados, podemos afirmar que a originalidade de sua apresentação se tece na coexistência paradoxal entre culturas, línguas e tradições, resultando em transculturação.

Assim, a força do seu texto está na composição de sua personagem, no papel a ela atribuído e na relação com os diversos elementos introduzidos, conferindo-lhe seu principal ofício: conduzir os índios desta terra ao conhecimento do Deus verdadeiro. Ao nomear sua personagem Maria Tupansy, José de Anchieta conclui seu hibridismo desvelando sua identidade, pois encontrou na América Latina um palco privilegiado para operar processos de hibridização cultural.

Nesse esforço, reconhece-se a decolonidade de sua mariologia, uma vez que desfaz a ideia de Maria ligada ao imaginário colonial e marcada por interesses políticos bem delimitados, o que origina uma teologia geradora de uma imagem ambígua para o indígena. Em sua mariologia tupi, encontra-se a articulação de que os privilégios de Maria são sinais do amor de Deus por sua criação, e não sinais utilizados pelo poder.

CONCLUSÃO

Para concluir, afirmamos que a Maria apresentada por José de Anchieta é a da história, a da fé pascal, a da Igreja magisterial e a da piedade popular. Nessa obra, José de Anchieta quis reconhecer o lugar único que tem Maria no processo de evangelização e, ao introduzi-la nessa aldeia de missão, cercada dessas características, ele a entroniza no coração dos índios do Brasil, oferecendo aos nossos povos uma companheira insuperável como "utopia que dá força ao projeto e sustenta a esperança do povo de Deus" (DPb n.298).

REFERÊNCIAS

AGUIAR, Flávio. *Os novos demônios* – um estudo sobre o Inferno no Teatro Anchietano. In: Atas do Congresso Internacional – Anchieta 400 anos. Comissão do IV Centenário de Anchieta, São Paulo, 1998.

ALVES Fº, P. E. As traduções do jesuíta José de Anchieta para o tupi no Brasil colonial. *Tradterm*, v.17, p.11-30, 2010. Disponível em: https://doi.org/10.11606/issn.2317-9511.tradterm.2010.40280 Acesso em: 31 jul 2021.

ANCHIETA, José de. *Cartas, correspondência ativa e passiva*. Tradução e notas: Hélio Abranches Viotti. São Paulo: Loyola, 1984a.

ANCHIETA, José de. *Diálogo da Fé*. Tradução e notas: Armando Cardoso. São Paulo: Loyola, 1988a.

ANCHIETA, José de. *Doutrina Cristã*. Tradução e notas: Armando Cardoso. São Paulo: Loyola, 1992.

ANCHIETA, José de. *Lírica espanhola*. Organização, tradução e notas: Armando Cardoso. Obra completa, Tomo 2, v.5. São Paulo: Loyola, 1984b.

ANCHIETA, José de. *Lírica portuguesa e tupi*. Organização, tradução e notas: Armando Cardoso. Obra completa, Tomo 1, v.5. São Paulo: Loyola, 1984c.

ANCHIETA, José de. *Poema da Bem-aventurada Virgem Maria, Mãe de Deus*. Tomo I e II. Tradução e notas: Armando Cardoso. São Paulo: Loyola, 1988b.

ANCHIETA, José de. *Poemas eucarísticos e outros*. Tradução e notas: Armando Cardoso. São Paulo: Loyola, 1975.

ANCHIETA, José de. *Poesias:* manuscritos do séc. XVI em português, castelhano, latim e tupi, transcrições, traduções e notas. Tradução e notas: Mª de Lourdes Paula Martins. São Paulo, 1954.

ANCHIETA, José de. *Cartas: informações, fragmentos históricos e sermões*. Belo Horizonte: Itatiaia; São Paulo: Ed. da Universidade de São Paulo, 1988c. Coleção Cartas Jesuíticas, 3.

ANCHIETA, José de. *Teatro de Anchieta*. Tradução e notas: Armando Cardoso. São Paulo: Loyola, 1977.

ASSEMBLEIA DOS BISPOS DE QUEBEC. *Como propor hoje a fé aos jovens:* uma força para viver. Trad. Jacques Trudel, SJ. São Paulo: Paulus, 2019.

AZZI, Riolando. *A Igreja Católica na formação da sociedade brasileira*. São Paulo. Santuário, 2008.

BANGERT, William V. *História da Companhia de Jesus*. São Paulo: Loyola, 1985.

BARBOSA, Mª de Fátima Medeiros. *As letras e a cruz:* pedagogia da fé e estética religiosa na experiência missionária de José de Anchieta, S.I. (1534-1597). Roma: Gregoriana, 2006.

BAUER, Johannes B. *Dicionário de teologia bíblica*. São Paulo: Loyola, 1988.

REFERÊNCIAS

BELINQUETE, José. *História da catequese*, v.I. Portugal: Gráf. de Coimbra, 2011.

BELL, Roger T. *Translation and Translating* – Theory and Practice. New York: Longman, 1991.

BIGOTTO, Giovanni Maria. *Maria:* a Mãe de Jesus. São Paulo: Paulinas, 2013.

BOFF, Clodovis M. *Dogmas marianos* – síntese catequético-pastoral. São Paulo: Ave Maria, 2010.

BOFF, Clodovis M. *Mariologia social:* o significado da Virgem para a sociedade. São Paulo: Paulinas, 2006.

BOSI, Alfredo. *Dialética da colonização*. São Paulo: Companhia das Letras, 1992.

BOXER, Charles Ralph. *A Igreja e a expansão ibérica*. Lisboa: Edições 70, 1970.

BUDASZ, Rogério. *O cancioneiro ibérico em José de Anchieta:* um enfoque musicológico. São Paulo: ECA-USP, 1996.

BURKE, Peter. *As fortunas d'O cortesão*. São Paulo: Unesp, 1995.

BURKE, Peter. *Hibridismo cultural*. São Leopoldo: Unisinos, 2006.

CABRÉ, M. T. *La Terminología, Teoría, Metodología, Aplicaciones*. Barcelona: Antártida, 1993.

CÂNDIDO, Antônio. *A personagem do romance.* In: CÂNDIDO, A.; ROSENFELD, A.; ALMEIDA PRADO, D.; GOMES; P. E. S. *Personagem de ficção.* 13.ed. São Paulo: Perspectiva, 2014.

CARDIM, Fernão. *Tratado da terra e gentes do Brasil.* Rio de Janeiro: J. Leite e Cia., 1925.

CARDOSO, Armando. *Um carismático que fez história –* vida do Pe. José de Anchieta. São Paulo: Paulus, 1997.

CARDOSO, Armando. *Vida de São José de Anchieta.* São Paulo: Loyola, 2014.

CARNIELLI, Adwalter Antônio. *História da Igreja Católica no estado do Espírito Santo (1535-2000).* Vila Velha: Comunicação Impressa, 2006.

CARVALHO, José Antônio. *O colégio e as residências dos Jesuítas no Espírito Santo.* Minas Gerais: IEPHA/MG,1982.

CASTAGNO, Paulo. A música como instrumento de catequese no Brasil dos séculos XVI e XVII. P.O. *Leitura*, São Paulo, ano 12, n.143, p.6-9, abr. 1994.

CAXA, Querício; RODRIGUES, Pero. *Primeiros biógrafos de José de Anchieta.* São Paulo: Loyola, 1988.

CHACON, Vamireh. O plano jesuíta para o Brasil. In: KONINGS, J. (org.). *Anchieta e Vieira* – Paradigmas da Evangelização do Brasil. São Paulo: Loyola, 2001.

CHAPUNGO, Anscar J. *Inculturação litúrgica:* sacramentos, religiosidade e catequese. São Paulo: Paulinas, 2008.

REFERÊNCIAS

CIPOLINI, Pedro Carlos. A devoção mariana no Brasil. *Teocomunicação*, Porto Alegre, v.40, n.1 p.36-43, jan/abr 2010.

CONCÍLIO DE TRENTO. *Termo de aplicação em latim e português*. Lisboa, 1781.

CONCÍLIO VATICANO II. *Documentos do Concílio Vaticano II*. São Paulo: Paulus, 2001.

CORDEIRO, Tiago. *A grande aventura dos jesuítas no Brasil*. São Paulo: Planeta, 2016.

CORTEZ, Clarice Zamonaro. A ideologia missionária de Anchieta: uma questão a ser discutida. In: PINHO, Sebastião Tavares de; FERREIRA, Luísa de Nazaré (coords.). *Anchieta em Coimbra*. Coimbra: Fundação Engenheiro António de Almeida, 2000.

COSTA, Avelino de Jesus. *A Virgem Maria padroeira de Portugal na Idade Média*. Lisboa, 1957.

CRISTÓVÃO, F. *A luta Deus-demónio na poesia e drama de Anchieta*. La Scrittura e la Voce. Pádua: CLEUP, 1999.

CUNHA, Mª José de. Maracaiaguaçi, o gato grande, aliás, Vasco Fernandes, ou o elogio do discurso evangelizador. *Ágora*, Vitória, n.20, p. 24-40, 2014.

CUNHA, Mª José de. *Os jesuítas no Espírito Santo (1549-1759): contactos, confrontos e encontros*. Portugal: Universidade de Évora, 2015.

DENZINGER, Heinrich. *Compêndio dos símbolos, definições e declarações de fé e moral*. São Paulo: Paulinas; Loyola, 2007.

DORADO, Antonio González. *De María conquistadora a María libertadora:* mariologia popular latinoamericana. São Paulo: Loyola, 1992.

ESPINOSA, Alonso de. *Historia de Nuestra Señora de Candelaria.* Santa Cruz de Tenerife: Goya, 1952.

FERNANDES, Florestan. *Organização Social dos Tupinambá.* São Paulo: Difusão Europeia, 1963.

FERNANDES, João Azevedo. *De cunhã a mameluca:* a mulher tupinambá e o nascimento do Brasil. João Pessoa: UFPB, 2016.

FERREIRA, Júlio César. *As fontes culturais elaboradas sincreticamente no teatro anchietano.* Dissertação de pós-graduação em literatura, Universidade de São Paulo, 2011.

FERRONHA, Antônio Luís. *O confronto do olhar.* O encontro dos povos na época das navegações portuguesas nos séculos XV e XVI. Lisboa: Caminho, 1991.

FORNELL, José Maria. *José de Anchieta, primer mariólogo jesuita.* Granada: Gregoriana, 1997.

FREYRE, Gilberto. *Casa-grande e senzala.* São Paulo: Cia. das Letras, 1933.

GARCIA, Gregorio. *Origen de los indios del nuevo mundo e indias occidentales.* Consejo Superior de Investigaciones Científicas, Madrid, 2005. Corpus Hispanorum de Pace, segunda serie, 13.

GEBARA, Ivone. *Maria, Mãe de Deus e mãe dos pobres.* Petrópolis: Vozes, 1987.

REFERÊNCIAS

GÓMEZ, Luis Palacin. Anchieta e a evangelização. In: Konings, J. (org). *Anchieta e Vieira* – Paradigmas da Evangelização do Brasil. São Paulo: Loyola, 2001.

GONÇALVES, Emiliana. *Anchieta, cidade dos Sonhos.* Vitória, 1996.

GOPEGUI, Juan Antonio Ruiz de. A catequese do Padre Anchieta. In: Konings, J. (org). *Anchieta e Vieira* – Paradigmas da Evangelização do Brasil. São Paulo: Loyola, 2001.

HOLLER, Marcos. *Os cadernos de Anchieta:* teatro e música em aldeias dos brasis. Simpósio Nacional realizado por ocasião do Bicentenário da Restauração da Companhia de Jesus (1814-2014). Anais... São Paulo: Loyola, 2014.

IWASHITA, Pedro K. Maria na simbólica dos padres da Igreja. *Revista de cultura teológica-PUC,* São Paulo, p.70-73, 1999.

IWASHITA, Pedro K. Maria na teologia simbólica da Patrística. *Revista de cultura teológica-PUC,* São Paulo, Ano X, n.87, p.179-201, jan / jun 2016.

KALEWSKA, Anna. Os autos indianistas de José de Anchieta e a iniciação do teatro luso-brasileiro. *Revista de estudios linguísticos, literarios, históricos y antropológicos,* n.6, 2007.

LEITE, Serafim. *Cartas dos primeiros jesuítas do Brasil.* São Paulo, 1954.

LEITE, Serafim. *História da Companhia de Jesus no Brasil.* Rio de Janeiro: Civilização Brasileira, 1938. Tomos I, II e III.

LUSTOSA, Oscar F. *Catequese Católica no Brasil:* para uma história evangelizadora. São Paulo: Paulinas, 1992.

LUTERO, Martim. *Magnificat:* o louvor de Maria. São Paulo: Santuário / São Leopoldo: Sinodal, 2015.

MACHADO, L. C.; MOSTAÇO, E. As representações do feminino no Teatro de José de Anchieta. *DA Pesquisa,* v. 2, p.36-48, 2007.

MARTINS, Manuel Pires. *Livro de Tombo da Paróquia N. Sr.ª do Amparo.* Espírito Santo, 1880, p.1-10.

MEGALE, Nilza Botelho. *112 invocações da Virgem Maria no Brasil:* história, folclore e iconografia. Petrópolis: Vozes, 1986.

MEGALE, Nilza Botelho. *Invocações da Virgem Maria no Brasil.* Petrópolis: Vozes, 2001.

MÉTRAUX, Alfred. *A religião dos tupinambás.* Estados Unidos do Brasil, 1950.

MINDLIN, Dulce M.ª Viana. Anjos e demônios em Gil Vicente e José de Anchieta: alegoria e aculturação. *Signótica,* v.6, p.31-41, jan / dez 1994.

MINDLIN, Dulce Mª Viana. Anchieta: catequese, ideologia e missão. *Signótica,* v.5, p.13-20, jan / dez 1993.

MOREIRA, Mª Angélica Franco. O contexto histórico da definição dos dogmas marianos. *Questões Teológicas,* n.32, p.169-188, 2017.

MÜLLER, Gerhard Ludwig. *Dogmática Católica:* teoria e

prática da teologia. Petrópolis: Vozes, 2015.

MURAD, Afonso Tadeu. *Maria, toda de Deus e toda humana.* Compêndio de Mariologia. São Paulo: Paulinas; Santuário, 2012.

MURAD, Afonso Tadeu. Vida de Maria, de Epifânio o Monge: contribuição de uma obra da patrística oriental para a mariologia. *ATEO*, Rio de Janeiro, v.23, n.62, p.375-402, mai /ago 2019.

NAVARRO et al. *Cartas avulsas do Pe. Azpicueta Navarro e outros* (1550-1568). Belo Horizonte: Itatiaia; São Paulo: EDUSP, 1988. Cartas Jesuíticas, v.2.

NAVARRO, Eduardo de A. *A problemática linguística do Renascimento às missões e as gramáticas da língua tupi de José de Anchieta e Luís Figueira.* Tese de Doutorado. São Paulo, FFLCH, Universidade de São Paulo, 1995.

NAVARRO, Eduardo de A. *Poemas: lírica portuguesa e tupi.* São Paulo: Martins Fontes, 2004.

NAVARRO, Eduardo de A. *Teatro – José de Anchieta.* São Paulo: Martins Fontes, 1999.

NÓBREGA, Manoel de. *Cartas do Brasil.* Belo Horizonte: Editora da Universidade de São Paulo, 1988. Coleção Cartas Jesuíticas, 1.

PAIVA, José Maria de. *Catequese dos índios e imposição cultural* – Brasil, século XVI. Caderno do Programa de Pós-Graduação em Educação. São Paulo: Unimep, 2002.

PALACÍN, Luis. Os aldeamentos da Bahia: uma utopia truncada. In: BINGEMER, Maria Clara. *As "letras" e o espíri-*

to: espiritualidade inaciana e cultura moderna. São Paulo: Loyola, 1993.

PEDREIRA, Andrea. *Anchieta – a restauração de um santuário.* Org. Coral de Abreu. Rio de Janeiro: 6ª C.R./IPHAN, 1998.

PISNITCHENKO, O. *A arte de persuadir nos autos religiosos de José de Anchieta.* Dissertação de Mestrado em Teoria Literária: Campinas, Unicamp, 2004.

PONTES, Joel. *Teatro de Anchieta.* Rio de Janeiro: MEC / Serviço Nacional de Teatro, 1978. Coleção Ensaios.

PRADO, Décio de Almeida. A personagem no teatro. In: CÂNDIDO, A.; ROSENFELD, A.; ALMEIDA PRADO, D.; GOMES; P. E. S. *Personagem de ficção.* 13.ed. São Paulo: Perspectiva, 2014.

RAMALHO, Américo da Costa. *Dois humanistas da Companhia de Jesus: José de Anchieta (1534-1597) e Duarte de Sende (1547-1600).* In: Congresso Internacional de Humanismo novilatino e pedagogia. Gramática, criações maiores e teatro. António Maria Martins Melo, coord. Actas, Braga, 1999, p. 279-290.

RATZINGER, Joseph. *Dogma e anúncio.* Trad. Pe. Antônio Steffen, SJ. São Paulo: Loyola, 2007.

RODRIGUES, Valney Augusto; DEPIZZOLI, Antonio Marcos. O Magnificat como paradigma de liturgia integral. In: GUIMARÃES, Valdivino (org.). *Maria na liturgia e na piedade popular.* São Paulo: Paulus, 2017.

RÖMER, Thomas. *A origem de Javé, o Deus de Israel e seu*

nome. São Paulo: Paulus, 2017.

SANTOS, Luzia A. Oliva dos. *O percurso da indianidade na literatura brasileira:* matizes da figuração. São Paulo: Cultura Acadêmica, 2009.

SCHÖKEL, Luís Alonso. *Bíblia do peregrino*. São Paulo: Paulus, 1997.

SILVA, Maria Freire. A linguagem mariológica dos Padres Capadócios. *ATEO*, Rio de Janeiro, v.22, n.60, p.607-622, set /dez 2018.

SILVA, Maria Freire. Aspectos escatológicos no pensamento de Gregório de Nissa. *Teocomunicação*, Porto Alegre, v.43, n.2, p.245-262, jun /dez 2013.

SÍNODO DA AMAZÔNIA. Amazônia: novos caminhos para a Igreja e para uma ecologia integral. Brasília: CNBB, 2019.

TAPIA, Nicolás Extremera. *Anchieta e Nóbrega fazendo a história do Brasil*. In: Seminário Internacional a globalização e os jesuítas: origens, história e impactos. Anais de Congresso da Unisinos: São Leopoldo, RS: 25 a 28 de setembro de 2006.

TERRA, João E. Martins. *Catequese de índios e negros no Brasil colonial*. Aparecida: Santuário, 2000.

TUTAS, Maria Rodica. *A Virgem Maria na patrística*. Congresso de Mariologia: piedade popular, cultura e teologia. Anais... Rio Grande do Sul: 21 a 23 de agosto de 2017.

VASCONCELOS, Simão. *Chrônicas da Companhia de Jesus do Estado do Brasil*. Lisboa: Em casa do editor A. J. Fernandes Lopes, 1865 (Volume 1).

VASCONCELOS, Simão. *Vida do venerável Padre José de Anchieta*. Rio de Janeiro: Imprensa Nacional, 1943.

VIEIRA, Celso. *Anchieta*. Rio de Janeiro: Pimenta de Melo & C., 1929.

VIOTTI, H. Abranches. *Anchieta:* o apóstolo do Brasil. São Paulo: Loyola, 1980.

Fontes bibliográficas de base digital

A influência na música jesuíta na cultura brasileira: a música no tempo das missões jesuíticas: http://festivaldealcantara.org/a-musica-no-tempo-das-missoes-jesuitas/

Dicionário Português e Italiano – Gregório de Nissa / Glosbe https://pt.glosbe.com/pt/it/Greg%C3%B3rio%20de%20Nissa

Uma história de cantores de Sion nas terras dos Brasis: A música na atuação jesuíta: http://repositorio.unicamp.br/bitstream/REPOSIP/284801/1/Holler_MarcosTadeu_D.pdf

José, ó José de Anchieta – L&M: Felipe Soriano, SJ[1]

José, (José)... Ó José de Anchieta,
José, José... Ó José de Anchieta. José!

1. Nas ilhas Canárias nasci,
   Em boa família criei
   Um sonho, uma fé, uma certe... za.
   "Tenerife" é pequena pra mim. José...

   Como minha família sonhou,
   Parti pra Coimbra estudar
   E lá junto à Companhia...
   Minha história eu vou te contar.

2. Diante da Virgem rezei,
   Ao ouvir das missões além-mar
   Um desejo, uma graça, um pedido:
   Decidi na Companhia entrar. José...

   A saúde é que não estava bem,
   Mas com Cristo eu vou avançar,
   "Somos nós as vossas estrelas!";
   Pois o "magis" em tudo buscar!

3. Padre Nóbrega bem nos dissera:
   "Essas terras serão tua empresa"
   Passo a passo, vento a vento,
   Caminhar nossa firme certeza. José...

---

[1] Composta por ocasião da Canonização de São José de Anchieta, em 3 de abril de 2014.

Dos povos da terra aprendi,
Dos índios fui educador,
Língua, arte, vida e costumes;
O Evangelho da vida preguei.

4. O tempo em tudo foi bom,
   Por onde passei descobri
   Porque o Brasil é tão grande,
   Diverso, imenso, sem fim. José...

Aos filhos, em tudo amar...
Aos pobres e a muitos servir,
"Nesta terra que tudo dá",
O Evangelho de Cristo florir.